AF274572

CAPÍTULO IV

LA ROTURA DEL CINTURÓN Y LA CAÍDA DE BILBAO

EL PRINCIPIO DEL FINAL

A finales de mayo de 1937, el Ejército del general Franco había tomado las posiciones principales en torno a Bilbao situadas en el sentido de su avance hacia la cara este del Cinturón Defensivo. El progreso de sus tropas a través de Vizcaya, desde el 31 de marzo en que se inició la ofensiva, había sido lento pero seguro, unos 450 metros diarios, a pesar de los continuos contraataques que seguían a cada avance. La esperanza de alcanzar Bilbao en tres semanas se desvaneció cuando, transcurridas estas, el Ejército franquista apenas se había movido algunos kilómetros en profundidad desde su punto de partida, a pesar de haber roto el frente de manera efectiva. El general Emilio Mola, a la sazón jefe del Ejército del Norte, solicitó y obtuvo dos brigadas más y un creciente número de piezas de artillería y aviones, recursos con los que mantener su superioridad en todas las armas.

El general Emilio Mola Vidal, director de la sublevación en Navarra y posteriormente jefe del Ejército del Norte franquista. Llevó a cabo la ofensiva contra Vizcaya, aunque sin concluirla, pues encontró la muerte en un siniestro aéreo el 3 de junio de 1937 (Estampas de la Guerra).

Con la posesión de los montes Jata (598 m), Bizkargi (555 m) y Peña Lemona (363 m), su situación era dominante sobre el Cinturón. Si bien las dos primeras cotas se mantenían definitivamente en su poder, la tercera aún se encontraba en litigio, cambiando de manos en varias ocasiones por esas fechas.

Viendo la ocasión propicia para la rotura del Cinturón, el Mando nacional del VI Cuerpo de Ejército –del Norte– planificó la misma, recogida en la Orden General de Operaciones N.º 48 de 28 de mayo de 1937[38]. En ella se establecía la misión

---

38.- SHM, DN, CGG, 368, 48

de la 61ª División de Navarra que llevaría adelante la operación:

> Rechazar al enemigo sobre la línea fortificada de Bilbao, romperla y destruir por envolvimiento las fuerzas establecidas al este de la Ría.

La idea de maniobra consistía en:

> ...fijar al enemigo en el Frente Este con pocas fuerzas, y atacar por la derecha fuertemente el sector Urrusti-Gaztelumendi, irrumpiendo por la brecha para envolver los sectores contiguos y ocupar las alturas que dominan la Ría.

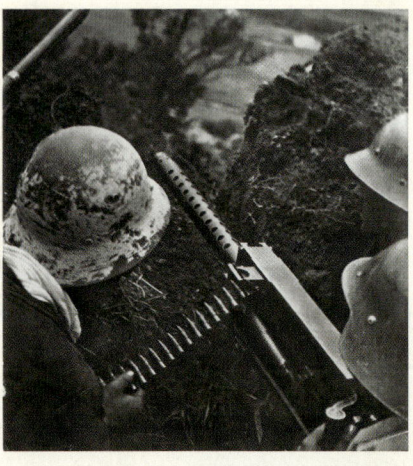

La estratégica posición de Peña Lemona, situada en el camino de entrada a Bilbao desde Durango, cambió de manos en varias ocasiones, tras reñidos combates y contraataques. En la imagen, soldados del batallón vasco 4 Rosa Luxemburgo emplazan una ametralladora en su cumbre (Erri).

Como cabía esperar, los atacantes eligieron el punto débil del Cinturón, dejado a propósito sin fortificar por el capitán Goicoechea semanas atrás, a modo de portillo por el que poder acceder a Bilbao con más facilidad. A tal efecto, aviones de observación de la Aviación Legionaria italiana fotografiaron con gran precisión las obras del Cinturón, desde el mar hasta Larrabetzu, comprobando gratamente que el mencionado portillo seguía ahí, sin haber sido cerrado aún por los defensores de Bilbao. Como hemos visto anteriormente, hasta ya iniciado junio no se empezó a fortificar el tramo de Urrusti a Gaztelumendi, estando aún atrasada la obra en el momento de comenzar el ataque a dicho punto.

La 61ª División de Navarra contaba con las I, II, III, IV, V y VI Brigadas de Navarra, además de la Brigada Mixta Flechas Negras ítalo-española. Se trataba de una formidable agrupación de fuerzas, unos 50 000 hombres, ya que las brigadas, a pesar de su nombre, contaban con efectivos de infantería similares a los de las divisiones vascas rivales, es decir, el equivalente a unos 10 batallones completos. Debido a esto, estas brigadas de Navarra operaban en muchas ocasiones separadas en medias brigadas, cada una con su mando propio, subordinado al jefe de la brigada. En las Brigadas de Navarra prevalecían los batallones de Infantería del Ejército, seguidos de los tercios del Requeté y las banderas de Falange Española, además de

El Cinturón Defensivo de Bilbao en su tramo de Urrusti a Gaztelumendi, lugar elegido por los atacantes para la rotura de la línea defensiva. Allí las fortificaciones seguían siendo precarias a finales de mayo y principios de junio de 1937 (Aeronautica Militare).

C.T.V.

Oficina 'I'

22 de mayo de 1937
Al Comando del Ejército del Norte

NOTICIAS SOBRE LA ORGANIZACIÓN DEFENSIVA DEL CINTURÓN DE BILBAO a lo largo de la divisoria Berriaga – Urrusti - Gastelumendi frente a San Martín de Fica y en el sector que corresponde al poblado de Larrabezua*:

• En el sector Berriaga–Aseburu–Goico ha sido construida una segunda línea de trincheras más baja; la línea resulta así, doble, con un intervalo de 70 metros entre ambas.

• Desde Aseburu–Goico a la meseta entre las cotas 349 y 347, la línea ha quedado única; en cambio se han construido en aquel espacio cinco nidos de ametralladora de cemento armado.

• A lo largo del sendero que recorre la cresta hasta la cota 349, ocultas bajo los pinos han sido colocadas cuatro piezas del 75 «Ansaldo». Cerca del emplazamiento de las piezas han sido construidos una docena de barracones con troncos cubiertos de hojarascas y situados donde el pinar es más espeso; en estos se halla alojada una compañía y el puesto de mando de la línea; uno de ellos sirve para guardar una pequeña reserva de municiones para la batería.

• Otros barracones de troncos, unos veinte en total, que albergan un batallón, están disimulados en el pinar de la meseta entre las mencionadas cotas 349 y 347 y en la contrapendiente del mogote de esta última cota.

• Las trincheras de Berriaga a Aseburu–Goico están guarnecidas por pocas escuadras; de Aseburu–Goico a la cota 349 por dos compañías; desde la cota 349 a Cantoibasos por un batallón.

• El poblado de «Gastelu» (2300 metros al norte de Larrabezua) está encerrado dentro de una nueva línea de trincheras en semicírculo que dominan las avenidas de Goicoelegea vigilando el flanco derecho de la línea precedentemente descrita.

• Dominando estas nuevas fortificaciones, se han terminado de construir cinco nuevos nidos de ametralladora de cemento armado que cogen de enfilada las vaguadas y el sendero que suben de Goicoelea a Goicoelegea. Se trabaja activamente para construir otros.

• A caballo de la carretera Larrabezua–Santa María de Lezama, han sido construidos otros tres nidos de ametralladora.

• La totalidad de la línea descrita está precedida de un sistema de alambradas en dos líneas, con un intervalo de 7 a 8 metros; las más próximas a las trincheras distan de 15 a 20 metros; piquetas de hierro que sobresalen de la tierra poco más de un metro; profundidad de cada faja de alambrada: 3 a 4 metros.

• Las trincheras están excavadas simplemente, a trozos cubiertas de troncos de pino atados entre ellos y ocultas por tierra y ramaje. Son pocos los traveses, numerosos los caminos de acceso.

• Los nidos de ametralladora son de cemento armado, muy bien hechos, según el proyecto único descrito ya en anteriores comunicaciones.

* AGMAV, C.1975, 17, 3

Firmado: Bencini

algunos tabores de Regulares. El jefe de la 61ª División era el general José Solchaga y su jefe de Estado Mayor, el coronel Juan Vigón.

Las unidades seleccionadas para la rotura del Cinturón fueron la I Brigada de Navarra, comandada por el coronel Rafael García Valiño; la V Brigada, dirigida por el coronel Juan Bautista Sánchez; y la VI Brigada, mandada por el coronel Maximino Bartomeu. La primera de las tres brigadas se vería reforzada por la 1ª Media Brigada de la III Brigada de Navarra del coronel Rafael Latorre, ahora bajo el mando de García Valiño.

El plan establecía la ocupación del monte o cordal de Urkulu y alturas vecinas (cotas 363, 371, 370, 190, 135 y 120) el día D, dejando para el día D+1 la rotura del Cinturón Defensivo sobre el cordal Gaztelumendi–Kantoibaso-Urrusti (cotas 322, 302, 347 y 349) para, después de penetrar por la estrecha brecha, abrirse en abanico en todas las direcciones, tomar las defensas de Larrabetzu por detrás y progresar hacia Bilbao o sus alturas inmediatas, también en varias direcciones.

El general José Solchaga –a la izquierda–, jefe de la 61ª División nacional, y el coronel Juan Vigón –a la derecha– jefe de su Estado Mayor. A ellos correspondería planear y llevar a cabo la rotura del Cinturón de Hierro (Cortesía de Luis Ignacio «Canario» Azaola).

La disposición de fuerzas para el ataque, en sentido noroeste, era: I Brigada de Navarra–V Brigada de navarra–VI Brigada de Navarra, cubriendo en todo momento la II Brigada el flanco izquierdo de la I y la Brigada Flechas Negras, el flanco derecho de la VI.

Para la operación, el mando nacional se aseguró la superioridad artillera y aérea absolutas. En lo concerniente a la artillería, la Orden General de Operaciones estimó inicialmente en 36 baterías las disponibles y necesarias para la acción, es decir, 144 piezas, si bien posteriormente la prensa franquista hablaría de que «*ciento sesenta piezas vomitaban sin cesar metralla*» el día 11 de junio y el reportero británico Steer escribiría que «*Más tarde nos enteramos de que el enemigo había concentrado 45 baterías* [180 piezas] *contra nosotros*» el 12 de junio, ya que finalmente se utilizaron en la rotura más piezas de las contempladas en un principio, tales como los cañones Flak 18 de 88 mm de la Legión Cóndor. De cualquier manera, se trataba de una agrupación artillera de un tamaño hasta entonces no empleado en la Guerra Civil Española.

Durango, mayo de 1937. El general Mola –en el centro- rodeado de sus coroneles. De izquierda a derecha: Carlos Martínez Campos, jefe de Artillería; Maximino Bartomeu, jefe de la VI Brigada de Navarra; Camilo Alonso Vega, jefe de la IV; Juan Bautista Sánchez, jefe de la V; Rafael García Valiño, jefe de la I; y Rafael Latorre, jefe de la III Brigada (Cortesía de Luis Ignacio «Canario» Azaola).

Por su parte y, aunque la Orden General de Operaciones no hace mención a ello, la superioridad aérea aplastante debería ser otro de los requisitos clave de la victoria, si no el que más. A tal efecto, se contó con una fuerza aérea enorme, tampoco concentrada hasta la fecha para ninguna otra operación anterior en el curso de esta guerra: 70 aviones de bombardeo y 40 aviones de caza, lo que supondría una flota aé-

rea formidable, de 110 aviones turnándose en el cielo, suspendidos sobre las fortificaciones vascas, bien bombardeándolas, bien ametrallándolas o bien observándolas y silenciándolas con su sola presencia.

Además, la operación también contó con la fuerza de una compañía de carros de combate. Esta constaba de tres secciones de cinco carros alemanes *Panzerkampfwagen IA* cada una, mandados por un carro de mando *Panzerbefehlswagen IB*. A la I Brigada de navarra se le asignaron dos secciones y a la VI brigada, una sección. Estos blindados serían muy útiles en las operaciones del 11 de junio y días sucesivos, como más adelante observaría Steer: «*los tanques, en escuadra, se arrastraban cual insectos vidriosos por duras pendientes de hierba, reflejando opacamente el sol en sus chapas acorazadas*».

Espectacular obús italiano de 305 mm emplazado en el barrio Markaida de Mungia. Formaba parte de la batería de estas piezas destinadas a batir las posiciones del Cinturón (La Guerra Civile in Spagna).

Para su defensa, el Gobierno de Euzkadi contaba con unas fuerzas numéricamente similares, abarcando un amplio frente. Su infantería la constituían 71 batallones, muy castigados por la campaña, en la que habían sufrido cerca de 7000 bajas mortales hasta ese momento, aparte de heridos, lo cual apenas fue remediado con la llamada a filas de reemplazos de hombres cada vez más mayores. Desde finales de abril, estas fuerzas se habían organizado en brigadas de tres o cuatro batallones y estas, a su vez, en divisiones de tres o cuatro brigadas. El número inicial de divisiones operativas fue de cuatro, pero después de mediados de mayo las fuerzas se reorganizaron en cinco divisiones a lo que cabría añadir las reservas. Los batallones vascos, de origen miliciano en su mayoría, venían a completarse con 650 plazas, requisito que, por unas adversidades u otras, pocas veces cumplieron. Así, en el mejor de los casos, una división vasca agrupaba a unos 8000 hombres, cantidad similar a la de una brigada de Navarra. En auxilio del Cuerpo de Ejército de Euzkadi llegaron, en abril de 1937, cuatro brigadas expedicionarias asturianas y dos santanderinas, que fueron integradas en los frentes de Vizcaya, bien en línea o bien en reserva, reforzando así a las divisiones vascas con un contingente de unos 10 000 combatientes más en total.

Aunque el empleo de los cañones Flak 18 alemanes de 88 mm no estaba inicialmente contemplado en la Orden de Operaciones, finalmente sí fueron usados contra objetivos terrestres. Este artillero posa con un proyectil rotulado con la fecha del ataque al Cinturón de Bilbao: el 12 de junio de 1937 (Legión Cóndor).

En las fechas previas a la rotura del Cinturón, la 5ª División vasca, mandada por el comandante de milicias Pablo Beldarrain –antiguo alférez de complemento–, mantenía sus posiciones entre la Costa Este y Artebakarra, frente al estratégico monte Jata ocupado por la Brigada Mixta Flechas Negras; a su derecha se situaba la 1ª División vasca, dirigida por el comandante Ricardo Gómez,

Orden general de operaciones del IV cuerpo de ejército n.º 48

Para la rotura de la línea fortificada de Bilbao
(Vitoria, 28 de mayo de 1937))

Disposición inicial - Artillería

La artillería para esta operación se organizará bajo el mando del C. P. A. en las siguientes Agrupaciones:

Agrupación Legionaria (teniente coronel Falconi)	
Grupo cañones 65 mm	2 baterías de la VI Brigada
Grupo cañones 75 mm	3 baterías de la V Brigada
Grupo obuses 105/19 mm Montaña	2 baterías
Grupo obuses 100 mm	2 baterías
Grupo obuses 105 mm	2 baterías
Grupo cañones 149 mm	2 baterías
Total	**13 baterías**

Agrupación de Campaña (teniente coronel Alcarraz)	
Batería cañones 75 mm	1 batería
Grupo cañones 75 mm	1 batería y media
Grupo obuses 100 mm	3 baterías
Grupo obuses 105/19 mm Montaña	3 baterías de la I Brigada
Total	**8 y media baterías**

Agrupación Mixta (teniente coronel Castro)	
Batería cañones 75 mm	1 batería
Grupo obuses 105/22 mm	1 batería y media
Grupo cañones 105 mm	2 baterías
Grupo cañones 149 mm	2 baterías
Batería obuses 155 mm	1 batería
Total	**7 y media baterías**

Agrupación Pesada. (teniente coronel Zaragoza)	
Grupo obuses 120 mm	2 baterías
Grupo morteros 260 mm	2 baterías
Batería obuses 305 mm	1 batería
Total	**5 baterías**

Servicio de Informacion de Artillería (teniente coronel Pérez de Guzmán)	
S. T.	
Localización por el Sonido.	
Grupo obuses 155 mm	2 baterías
Total	**2 baterías**

En caso de incorporarse algún otro legionario, quedaría, desde luego a las órdenes del teniente coronel Falconi, constituyendo subagrupación con el de igual calibre y clase de pieza de la misma.

El coronel de Artillería Carlos Martínez Campos, jefe de la artillería nacional durante la campaña del País Vasco. Tras la guerra, alcanzaría el generalato (Memoria de la Guerra de Euzkadi).

Carro de combate *Panzerkampfwagen IA*, enmascarado con ramas, recorre una calle de la localidad de Durango. La compañía de carros, con 16 unidades, sería empleada en la rotura de la línea defensiva próxima a Bilbao (Col. Aitor Miñambres Amezaga).

El comandante de Carabineros Ricardo Gómez, jefe de la 1ª División de Euzkadi, habría de soportar con sus efectivos el embate de las Brigadas de Navarra sobre el lienzo más débil de la defensa vasca (Museo Memorial del Cinturón de Hierro).

reforzada por unidades de reserva, frente a las posiciones de las VI, V y I Brigadas de Navarra respectivamente, cuya mayor ventaja geográfica era el monte Bizkargi; le seguía en línea la 2ª División vasca, comandada por el coronel Joaquín Vidal, que se batía con las fuerzas sublevadas por la posesión de Peña Lemona, cota que finalmente quedó en poder de estas últimas.

El mando supremo de las fuerzas vascas correspondía al general Mariano Gámir, quien tenía como jefe de Estado Mayor al capitán Ángel Lamas. Gámir, llegado a Bilbao el 29 de mayo, recibía órdenes y daba cuenta de sus acciones al ministro de Defensa Nacional de la República, Indalecio Prieto, y al presidente Aguirre en calidad de consejero de Defensa del Gobierno de Euzkadi.

La artillería vasca consistía principalmente en piezas ligeras, dispersas entre los distintos frentes y unidades. Meses atrás se había contabilizado un total de 10 obuses (15,5 y 10,5 cm), ocho cañones pesados (15 y 12,7 cm) y 85 cañones ligeros (7,5 cm), aunque tras semanas de combate, pérdidas y desgastes, estas cantidades seguramente serían inferiores.

En peor situación se encontraba la fuerza aérea, si así podría llamársela, constituida por algunos aviones obsoletos sobrevivientes a los azares de la guerra. La casi totalidad de cazas llegados en noviembre de 1936 había sido destruida y Aguirre no cesó, durante las semanas posteriores al comienzo de la ofensiva, de pedir aviones a Francisco Largo Caballero, primero, y a Indalecio Prieto, después. Por problemas, causas o prioridades ya tratadas, hasta el día 2 de junio no arribó una nueva escuadrilla de cazas Polikarpov I-15 «Chatos». Evacuados para esa fecha los aeródromos de Sondika y Lamiako por la cercanía del frente, fue construido el nuevo aeródromo de Somorrostro, en Muskiz, detrás de la Margen Izquierda del Nervión. Allí fueron destinados los nuevos cazas soviéticos, si bien su tiempo de servicio fue verdaderamente efímero, pues, alertados los nacionales de ello, una incursión de la Aviación Legionaria italiana, llevada a cabo el 5 de junio sobre el aeródromo, destruyó la gran mayoría de los aparatos sobre la pista, dejando otra vez a Vizcaya sin aviación. El líder de la escuadrilla de cazas Fiat CR.32 que atacó el aeródromo vasco, el as Guido Presel, moriría minutos después al ser derribado sobre la cercana playa de La Arena a manos de un «Chato» sobreviviente del raid, pilotado por el catalán Rafael Magriñá, ante la atónita mirada de vecinos y trabajadores del Cinturón de Hierro allí destinados.

Por la información de que disponemos, la intención del general Mola, una vez redactada la Orden General de Operaciones para la rotura del Cinturón, era llevar a cabo la maniobra a la mayor brevedad, lo que no fue posible, tal como le comunicó el propio Mola al general jefe del *Corpo di Truppe Volontarie* italiano (C.T.V.), Mario Roatta «Mancini», el 29 de mayo:

> Cumplo el deber de comunicar a V.E. que por haber tenido necesidad de reforzar la acción artillera en el sector de Bizcargui y alterar algunos detalles de ejecución, la ruptura del frente no podrá iniciarse hasta el día 31 (…)[39].

Así mismo, en esa misma fecha, Mola informó al general Sandro Piazzoni, jefe de la Brigada Mixta Flechas Negras, desplegada en la Costa Este:

> Cúmpleme participar a V.E. que el día 31 y a la hora que se fijará oportunamente se va a proceder a la ruptura del cinturón de Bilbao. Una vez verificada esa ruptura deberán sus fuerzas estar preparadas para avanzar (…). La 6ª Brigada deberá con sus elementos cubrir su flanco derecho (…)[40].

39.- AGMAV, C.2585, 60 / 2

40.- AGMAV, C.2585, 60 / 3

Desde la caída del monte Bizkargi en manos de los sublevados, las fuerzas vascas intentaron reconquistarlo, sin éxito, en más de veinte ocasiones. Estos soldados republicanos se encuentran parapetados en las inmediaciones de la disputada montaña (Erri).

Los cazas Polikarpov I-15 llegados a Vizcaya tras muchos meses de solicitudes, fueron destinados al nuevo aeródromo de Somorrostro, en Muskiz. Varios de ellos quedaron destruidos tras un ataque de la Aviación Legionaria el 5 de junio de 1937. De ello da fe esta fotografía tomada durante el raid (Aeronautica Militare).

El caza Fiat CR-32 de Guido Presel, derribado, descansa sobre la Playa de La Arena, rodeado de milicianos, obreros del Cinturón y curiosos (Museo Memorial del Cinturón de Hierro).

Al siguiente día, Mola cursó a Piazzoni la siguiente orden:

Por comenzar a las ocho (8) horas del día de mañana y si el tiempo lo permite, la preparación artillera acto preliminar de la ruptura del cinturón de Bilbao, espero merecer de V.E. dé las órdenes oportunas para que desde las seis (6) de la mañana se inicie por las fueras a su Mando y con intenso fuego de fusilería y ametralladoras un simulacro de ataque a Plencia (…)[41].

Entendiéndose que, finalmente, ni el ataque al Cinturón ni la maniobra italiana de distracción fueron llevados a cabo por no permitirlo el mal tiempo y también, muy posiblemente, por haberse producido la ofensiva del Ejército Popular Republicano en Segovia, desarrollada entre el 30 de mayo y el 4 de junio para aliviar la presión sobre Bilbao, lo que requirió la atención de Mola.

El piloto de caza y as italiano Guido Presel, muerto en combate aéreo el 5 de junio de 1937 a manos de un «Chato» pilotado por el aviador republicano Rafael Magriñá (Grupo de la Medalla de Oro al Valor Militar de Italia).

Esas órdenes transcritas serían, seguramente, los últimos movimientos de Mola tendentes a la rotura de la línea defensiva de Bilbao, ya que poco después, el 3 de junio de 1937, el militar africanista encontró la muerte en un siniestro aéreo, tras estrellarse el avión en el que viajaba de Vitoria a Valladolid en el término burgalés de Alcocero. Su defunción no dejó huérfana la dirección del Ejército del Norte nacional y la operación de rotura del Cinturón, ni siquiera brevemente, pues el general Franco, jefe del Estado en el territorio sublevado y de todas sus Fuerzas Armadas, nombró al general Fidel Dávila en sustitución del fallecido, ese mismo día:

Nombro General Jefe del Ejército del Norte al Excelentísimo Sr, D. Fidel Dávila Arrondo, General de División, quien cesará en el cometido que le fue asignado por mi Decreto número diez. Dado en Salamanca a tres de junio de mil novecientos treinta y siete[42].

41.- AGMAV, C.2585, 60 / 5

42.- Boletín Oficial del Estado (en adelante BOE), Burgos, 4-6-37.

URGE ENVÍO DE AVIACIÓN

(Del presidente Aguirre al Gobierno de la República, primavera de 1937)

Desde el 31 de marzo de 1937, fecha en que comenzó la ofensiva, hasta la caída de Bilbao, el 19 de junio, el presidente Aguirre solicitó al Gobierno de la República aviones para su defensa, de manera continuada y, al menos, a través de 37 telegramas aún conservados. Dada la extensión documental, mostramos aquí los párrafos más relevantes de los telegramas de la segunda quincena de mayo.

16 mayo: Sesenta y dos aviones verificando doscientos vuelos de dos horas, ametrallado, bombardeado hoy tropas indefensas montañas Bizcargui. (…) Seis veces reconquistado Bizcargui perdido por indefensión aérea. (…) Si nuestros gudaris derrochan sangre, debe ordenarse aviación republicana, por encima todo riesgo, presentarse inmediatamente Bilbao.

23 de mayo: Ataque enemigo sector Dima fortísimo empleando aviación en masa conservando aún Dima nuestro poder merced heroica resistencia tropas. (…) Le ruego, con acentuado apremio, ordene envío aviación vuelo directo una vez demostrada posibilidad sin oír informes pesimistas.

24 de mayo: Sigue aviación causando desmoralización y tropas cansadas esfuerzo dos meses. Imprescindible demostrar superioridad aérea única forma resistir enemigo.

26 mayo: Ruego V. E. ordene concéntrense inmediatamente aparatos caza campos Lamiaco, Llodio, preparados perfectamente. Para fin semana tendremos preparados dos campos más Somorrostro condiciones recibir no menos diez cazas cada uno.

27 de mayo: Enemigo prepara fortísimo ataque combinado (…) Aviación nuestra no pudo llegar imposible actuación desde Santander. (…) Reitero necesidad aviación este Bilbao y obedezca órdenes mando Euzkadi, única manera coordinar operaciones actualmente.

29 mayo: Entramos periodo peligrosísimo porque resistencia tiene límite y se manifiesta gran desencanto por falta auxilios posibles y prometidos. Pueblo no se explica que leyendo diariamente actuación en otras partes aviación leal no llega al único sitio donde existe verdaderamente la guerra, librándose jornadas decisivas para todos. (…) Ante indefensión aérea, no tengo más remedio que salvar una responsabilidad expresándolo con serenidad tan sólo comparable a firmeza por vencer que nos anima.

Cinco veces hemos pedido auxilio aviación Santander sin resultado, alegando causa niebla y otras razones inadmisibles mientras tiempo sobre Vizcaya magnífico ha permitido enemigo volar número doce aviones sin interrupción doce horas bombardeando terriblemente (…) Personalmente he presenciado operaciones espectáculo parecido volcán erupción con la angustia de la indefensión, pensando en estos hombres que mueren destrozados por la metralla, teniendo los que quedan alma para rechazar infantería enemiga. Le ruego encarecidamente ordene presentación Bilbao aviación (…) Espíritu mantenemos todos elevado, pero recuerdo van transcurridos dos meses resistencia a costa ríos sangre y heroísmo y que aquí se decide guerra.

Dávila, hasta ese momento jefe de Estado Mayor del Ejército franquista, tomó el mando de sus fuerzas en el frente de Vizcaya y esperó la llegada del buen tiempo para reemprender las operaciones. Por su parte, Mola fue recompensado por Franco a título póstumo:

> En mérito a los grandes servidos prestados en la actual campaña, por el Excelentísimo Sr. D. Emilio Mola Vidal, General Jefe del Ejército del Norte, se le concede la Gran Cruz Laureada de San Fernando (…). Dado en Salamanca a tres de junio de mil novecientos treinta y siete[43].

Página siguiente, abajo.
El general Franco junto al general Dávila. Dávila –a la derecha– fue designado por Franco para proseguir con las operaciones de liquidación del Frente Norte tras el deceso de Mola.

43.- Ibid.

Arriba. Soldados de la Brigada Flechas Negras con una ametralladora pesada Breda de 20/65, emplazada en un camino cercano a Mungia (Col. Lucas Molina Franco).

Centro. Mario Roatta «Mancini», general jefe del C.T.V. italiano. Sobreviviente a la Segunda Guerra Mundial, fue reclamado por crímenes de guerra. Tras un breve tiempo en prisión, fue puesto en libertad en 1948 y fallecería veinte años más tarde.

Mientras tanto, los vascos, ya conocedores del lugar por donde se produciría el ataque, intentaron entregarse a la fortificación del Urkulu y de los alrededores de Gaztelumendi, ya en el Cinturón propiamente dicho. Del trabajo diario llevado a cabo por el Batallón de Ingenieros 8 Azkatasuna, da fe el siguiente párrafo de la memoria que recogió la trayectoria de la unidad:

Urkulu (del 23 de mayo al 2 de junio de 1937). Esta posición, de estribaciones agrestes y escarpadas, atrajo por unos días la atención agitada para ambos mandos, por cuanto que perderla por uno y ganarla otro, suponía la posesión de la llave del Cinturón en su más fácil pasillo. Hemos de hacer constar que el Batallón Azkatasuna trabajó durante días, lleno de dificultades, puesto que el enemigo se encontraba cerca y acechaba y hostigaba constantemente. Como consecuencia, dichos trabajos fueron realizados de noche y sin luces.

También los batallones de la XVII Brigada vasca, de la 1ª División, realizaron algunas labores de fortificación en las posiciones de Fika donde fueron desplegados. Los partes de sus comandantes[44] atestiguan esta actividad de guarnición, vigilancia y atrincheramiento:

• 1 de junio de 1937. Fika. Brigada 17, Batallón 68:

Ha transcurrido el día completamente tranquilo, no ha habido más que un pequeño paqueo. Hemos aprovechado para fortificar algo. Se necesitan unos zapadores que trabajen más (sic), pues a pesar de que nosotros trabajamos, todo es necesario.

• 9 de junio de 1937. Fika. Brigada 17, Batallón 68:

Sin novedad. Posiciones propias: Se ocupa la Cota 71 enlazando por la derecha con el Batallón n.º 31 y por la izquierda con el batallón n.º 16. El enemigo efectúa constante trabajo de fortificación. [En nuestras líneas] Por causa del reducido número de zapadores, los trabajos de fortificación fueron escasos. Empezaron su labor a las 3 de la tarde y terminaron a las 10 y 1/2 de la noche».

• 10 de junio de 1937. Fika. Brigada 17, Batallón 55: «*Sin novedad. Se sigue fortificando*

44.- AGMAV, C.690, 3, 7 / 1-5

en nuestras posiciones. Posiciones propias: Cota 135 enlazando por la derecha con el Batallón n.º 223 y por la izquierda con el Batallón n.º 31».

Así mismo, la información facilitada por los desertores que se pasaban a las filas republicanas aseguraba que el ataque era inminente, con grandes recursos disponibles para ello, y que la operación solo se estaba viendo retrasada debido a la meteorología adversa.

En esa tesitura, cesaron las lluvias y se pronosticó buen tiempo para el sábado 11 de junio.

El general italiano Sandro Piazzoni, jefe de la Brigada Mixta Flechas Negras, tenía sus tropas emplazadas entre la costa y las estribaciones del Monte Jata, frente a la 5ª División de Euzkadi (Archivo Alberto Santana).

Información facilitada por soldados evadidos

(Del Jefe de la 1ª División de Euzkadi, 7 de junio de 1937)[*]

Tengo el honor de poner a disposición de V.E. los soldados evadidos del campo enemigo, Florentino Barroso Barroso, de 24 años de edad, natural de Malpartida (Cáceres) y Cesáreo Modres, de 23 años de edad, natural de Malpartida (Cáceres), los cuales pasaron a las 5 horas del día de hoy a nuestras posiciones de la cota 100 que guarnece el Batallón n.º 31, perteneciente a la 17 Brigada. Pertenecen al Batallón de Ametralladoras n.º 7, de guarnición en Plasencia de Cáceres.

Hace diez días se incorporaron a la unidad, en unión de otros 250 extremeños para cubrir bajas. El Batallón se compone de cuatro compañías de fusileros y una de ametralladoras, con un efectivo aproximado de 900 hombres. Lo forman principalmente extremeños y gallegos procedentes de las quintas. De sus referencias, imprecisas, se hallan acantonados en Arrieta.

Dicen que hay mucha fuerza concentrada en esa zona. Citan los batallones o regimientos de Las Navas, Burgos y Cáceres. Las fuerzas están compuestas, en su mayor parte, de elementos de quintas forzosas. La oficialidad profesional es escasa.

Existe el proyecto de un fuerte ataque contra las posiciones del cinturón. De sus indicaciones, se deduce que una de las direcciones del ataque será sobre los sectores de Berriaga, Urrusti y Urculu. Han subido en varias ocasiones a las posiciones para iniciar la ofensiva, desistiendo por el mal tiempo.

Hoy pensaban subir de nuevo. Sus posiciones carecen de fortificaciones. Existen morteros preparados para el avance en las avanzadillas. Han visto mucha artillería concentrada. Baterías del 26; 15,5; 10,5; y ligera.

Es cuanto manifiestan en este Cuartel General.

[*] Archivo Histórico Nacional, Político Social Santander, M, 2/15, 20

Aclaración de la nomenclatura de los batallones republicanos del norte

Los batallones republicanos del Ejército del Norte tenían principalmente su origen en las milicias de carácter político o sindical, con sus denominaciones particulares. Con la transformación de estas unidades en un nuevo ejército, cada una recibió un número identificativo. Este numeral estaba reservado del 1 al 100 para los batallones vascos, del 101 al 200 para los santanderinos y del 201 al 300 para los asturianos.

De esta manera, en algunos casos su denominación podía volverse un tanto larga, sobre todo en las unidades socialistas y anarquistas. Así, el Batallón 34 UGT 4-Carlos Marx era el batallón oficial n° 34 del Cuerpo de Ejército de Euzkadi, además de ser el 4° Batallón de UGT, llamado «Carlos Marx» en atención al ideólogo del socialismo científico.

11 DE JUNIO. LA TOMA DEL MONTE URKULU

Impresionante imagen tomada desde el monte Bizkargi, en poder del Ejército franquista. A la derecha se observa el cordal de Urkulu, en manos de los republicanos, con las alturas de Aretxabalgane, Atxa, Gantxu y, finalmente, San Pedro, defendidas por tres batallones. A la izquierda, el Cinturón de Hierro con las cotas de Gaztelumendi, Urrusti y Berreaga (I. Ojanguren, Gure Gipuzkoa).

Tras algunos días lluviosos, el 11 de junio amaneció despejado y soleado. Era el momento esperado por el mando franquista para llevar a cabo la primera fase de la rotura. El plan de operaciones estimaba necesaria la toma del monte Urkulu, desde donde, en una segunda fase, se asaltaría el Cinturón, propiamente dicho, por su punto más débil.

Urkulu es un cordal prolongación del monte Bizkargi, este último en manos de los nacionales desde mayo. Desde su cumbre dominante (555 m), ahora guarnecida por efectivos de la I Brigada de Navarra, se desciende hasta Aretxabalgane (363 m), aún en manos de los republicanos, sobre el punto por donde pasa la carretera de Morga a Fika. Al otro lado de este paso, en sentido noroeste, discurre Urkulu, con sus cotas 371 (Atxa), 370 (Gantxu) y 190 (Peña de San Pedro), extremo en el que se encuentra la ermita de San Pedro de Atxispe. Continuando en el mismo sentido, se hallan las cotas 135 (Mantzienagane) y 120 (Montañe) –en otras fuentes, e indistintamente, cota 100–, en medio de las cuales se encuentra la población de Fika.

Ermita de Santa Cruz de Bizkaigane. Este fue el lugar elegido por el Mando nacional para dirigir las operaciones de rotura del Cinturón. Además de los generales Dávila y Solchaga, el propio general Franco tomaría parte en el seguimiento y dirección de las acciones más significativas (I. Ojanguren, Gure Gipuzkoa).

Las fuerzas republicanas destinadas a esa área se encontraban en línea frente a las Brigadas de Navarra, desde los días precedentes y a la espera de recibir un ataque inminente: el Batallón 34 UGT 4-Carlos Marx, desde el monte Aretxabalgane hasta el paso del mismo nombre; el Batallón 24 UGT 2-Indalecio Prieto, desde el paso anterior hasta las lomas de Urkulu; el Batallón 223 Juanelo, asturiano, en la ermita de San Pedro[45]; el Batallón 55 Kirikiño en la loma de Mantzienagane; el Batallón 31 Zabalbide en Montañe; el Batallón 68 ANV 3 en Fika; y el Batallón 16 Gordexola en Gamiz. Todas ellas formaban parte, o estaban asignadas, a la 1ª División vasca.

45.- En anteriores trabajos, por error en la fuente secundaria utilizada, situábamos en esta posición al Batallón 252 Méjico. Con la aparición de la fuente primaria referenciada con el número 44, hemos subsanado la equivocación.

El mando sublevado estableció su puesto en la ermita de Santa Cruz del monte Bizkaigane (387 m), término de Errigoiti. Desde aquél excelente observatorio, el general Fidel Dávila, jefe del Ejército del Norte, acompañado del general José Solchaga, jefe de las Brigadas de Navarra, se dispuso a llevar a cabo la operación señalada para ese día.

Así, a las 8 de la mañana, con tres horas de retraso por no encontrarse aún el cielo despejado, comenzó la actuación de la artillería franquista sobre las posiciones a batir. Esta gran masa artillera, hasta entonces no concentrada en ningún otro escenario de la guerra que en España se estaba librando, fue emplazada a lo largo de una extensa área cercana a su objetivo. Desde las posiciones republicanas podía verse el brillo

Las posiciones vascas adelantadas al Cinturón se extendían por los terrenos de Fika –arriba– y Gamiz –abajo–, con una fuerza de cuatro batallones (I. Ojanguren, Gure Gipuzkoa).

de las piezas en el horizonte de Morga y Errigoiti. La acción artillera comenzó con un periodo de tiro de corrección de dos horas, seguido de otro de tiro de eficacia con cadencia creciente de una hora, que batió duramente las posiciones vascas de Urkulu, consideradas por los atacantes como «antesala, vigía, adelantado y defensa» del Cinturón de Hierro, como así eran, pero consistentes en trincheras y alambradas principalmente. En palabras del cronista Pedro Gómez Aparicio, que acompañaba en Bizkaigane al mando sublevado:

Asistimos a aquel furioso bombardeo, el más tenaz de todas las campañas del Norte. Ciento sesenta piezas vomitaban sin cesar metralla. Y era muy fácil cosa advertir con qué alardes de precisión, con qué prodigios de técnica impecable se empleaban nuestros artilleros, que colocaban exactamente las granadas en los mismos bordes de las trincheras del Urculu.

Esta eficacia artillera hacía que los defensores buscaran refugio o se dispersaran para evitar la muerte, lo que era observado por los artilleros nacionales:

... y, apenas se descubría el grupo, las granadas iban en su busca, para abrir nuevos desgarrones de metralla en el lugar exacto, y para lanzar al aire, entre piedras calcinadas y entre sacos de arena destripados, hombres y máquinas de guerra, despojos de carne macerada y armamentos deshechos» (Gómez Aparicio, 1937).

En este apocalíptico panorama, no podía faltar la aviación rebelde que, sin dejar de estar presente, relevaba a la acción artillera, ante la impotencia de los combatientes de a pie, quienes no disponían de otro modo de defensa que el de ponerse a cubierto:

> El yunque era fuerte, pero el martillo golpeaba sin cesar (…). Mas, como si el martillo se cansase, cesó por un momento su continuo trajín. Sólo para ceder el puesto a otro martillo más tenaz todavía, que, como suspendido en las nubes, trazaba sobre el Urculu su terrible amenaza.

A este respecto, el periodista británico George Steer, observó, desde las posiciones del Cinturón en Urrusti, el cielo poblado de aviones, que identificó como Junkers Ju-86, Junkers Ju-52, Heinkel He-111, Dornier Do-17, Heinkel He-51, Heinkel He-45 y Savoia 81 que *«llenaban el aire con el taladro celestial de sus motores»*. Si bien puede haber alguna imprecisión en esta identificación, la relación denota gran conocimiento por parte del reportero sobre la aeronáutica militar del Eje, cuando los grandes rasgos de esta aún eran un secreto y cuando, oficialmente, no había aviación alemana ni italiana actuando en España del lado de los rebeldes. Steer fue testigo en esta ocasión de como

> … los grandes bombarderos sobrevolaron en formación de tres la loma de Urkulu, arrojando bombas y ametrallando, sacudiendo, mordiendo y torturando la tierra con triste y deliberado sadismo, mientras, en tono más festivo y jubiloso, los cazas irrumpían en la escena».

De la misma manera, pudo ver cómo algunos viejos aviones Breguet bombardeaban, por error, a las tropas nacionales concentradas en Fruiz.

Sin duda, otra apreciación bastante gráfica la aporta de nuevo Gómez Aparicio, de cuya larga crónica extraemos estas palabras:

> Lentas, pausadas, casi inconmovibles, las escuadrillas de trimotores avanzaban hacia las líneas rojas. (…) al lugar en el que los

Tanto para la toma del monte Urkulu como para la rotura del Cinturón, los atacantes no escatimaron artillería. En la foto, dos baterías de cañones italianos de 149/35 son emplazadas contra sus objetivos (Col. Lucas Molina Franco).

estremecidos adversarios contaban los segundos por aldabonazos de una muerte cercana.(…) Por arte de milagro, las negras crestas [de Urculu] se empenachaban de montañas de humo, y, a mis pies, la tierra se agitaba en convulsiones sordas, mientras el aire nos traía rumor lejano de tormenta deshecha.

Tras esta actuación, llegó el turno de los pequeños Henschel Hs-123 de bombardeo de precisión. La artillería comenzó de nuevo a actuar, esta vez para señalizar los objetivos a la aviación. Una vez hecho esto y, visibles las defensas humeantes, «*uno detrás de otro, en fila interminable, iban los biplanos, apuntada la proa hacia el Urculu. Y, al llegar sobre sus mismas crestas, trazaban un ágil semicírculo, picaban hasta quedar su cuerpo en una perfecta vertical y a plomo se dejaban caer, una vez enfilado el objetivo, para lanzar sobre él la carga de metralla*», produciendo un gran efecto desmoralizador en los defensores.

Finalmente hicieron su aparición los cazas, ametrallando en cadena las posiciones vascas: «*en grandes formaciones, para tejer la zarabanda trágica del terrible "carroussel de la muerte"*», mientras de nuevo la artillería batía las trincheras de los defensores.

Poco después del mediodía, tras esta intensa preparación artillera acompañada del demoledor hostigamiento aéreo, un avión de reconocimiento, conocido popularmente por ambos bandos como «el alcahuete», sobrevoló las líneas republicanas, tomando nota del castigo infligido sobre las mismas, comprobando el debilitamiento de las defensas ocasionado por los bombardeos previos.

Posteriormente, el aeroplano se dirigió a la ermita de Santa Cruz, y, volando en círculo, descendió sobre el puesto de mando del general Dávila, arrojando sobre él un cilindro metálico que contenía el parte de observación aérea. Recibido el informe por el coronel Vigón, jefe de Estado Mayor de las Brigadas de Navarra, el mando franquista consideró llegado el momento de asaltar las posiciones vascas. Comenzaron inmediatamente a cursarse las órdenes pertinentes y las tropas de la línea Fruiz–Morga–Muxika empezaron a moverse.

Explosiones de artillería sobre el cordal de Urkulu, vistas desde el puesto de mando de Santa Cruz de Bizkaigane. Detrás se observan las siguientes cordilleras, pasando por la primera de ellas el Cinturón de Hierro, aún sin batir (Biblioteca Nacional).

EL HORROR DE LOS BOMBARDEOS
(Pedro Gómez Aparicio, ¡A Bilbao!)

Muchas veces, viendo volar sobre el terreno del combate las escuadrillas de lentos bombarderos, se me han resquebrajado las carnes con angustia invencible. Y he hecho mío, de manera instintiva, tormento de aquellos hacia los que los trimotores marchaban con presagios mortales. De todas las inquietudes de la guerra, probablemente es ésta la que condensa y las resume todas. ¡Cuántos temblores no pondrán en los músculos aquellos puntos negros que se adivinan en el horizonte, que avanzan y que crecen hasta recortar entre las nubes las alas tendidas, y aquel fragor de motores en pleno rendimiento que tiene ásperos ecos de clarinada de juicio final!

Hay, en lo subconsciente, algo como el anuncio de que la muerte se aproxima, descarnada y franca, sin velos ni disfraces, entre rumor de pasos que resuenan cada vez más cerca. Se ha dicho en todos los lenguajes que los efectos de un bombardeo aéreo son más ilusorios que efectivos. Puede ser verdad, y lo es, seguramente. Pero hace falta tener un temple de héroes, como lo tuvieron en los primeros días nuestras falanges castellanas del Alto del León y nuestros requetés navarros de Somosierra, para esperar, impávidos, el lento avance de los monstruos de acero, y ver cómo se acercan, y aguantar su ofensiva, pegados al terreno, sin que el pulso se altere y sin que, sobre el espíritu que ordena resistir, triunfe la animalidad medrosa que invita a la escapada.

Los motores atruenan el espacio, y aquellos puntos negros, que por segundos se han ido agigantando, están ya encima de nosotros. Un silbido estridente nos desgarra los tímpanos y, cuando aún no logramos puntualizar la causa, tiembla la tierra a nuestros pies, y el humo nos asfixia, y el polvo nos ciega, y se apaga en nosotros la sensación de que existimos. (…) Y, cuando comenzamos a sentirnos seguros, otra vez el riesgo se renueva y el terror se acrecienta con nuevas inquietudes: sobre nuestras cabezas han vuelto a colocarse otros tres aparatos que traen los vientres repletos de metralla.

El ataque, planeado en dirección noroeste, comenzaría en las estribaciones del monte Bizkargi, para progresar a través de Urkulu hasta Gamiz. El mayor protagonismo correspondió a la I Brigada de Navarra, reforzada con la primera mitad de la III Brigada de Navarra, encontrándose al mando de la agrupación el coronel García Valiño. Este había situado previamente a sus tropas de asalto en las proximidades de los objetivos. Así, trasladó a Zarragoikoa a la 2ª Bandera de Falange Española de Navarra y al Tercio de Montejurra de requetés, e hizo lo propio en Oñarte con el 8º Batallón de América.

Recibida la orden de ataque, el Tercio de Montejurra se puso en marcha con un importante apoyo artillero, con el objetivo puesto en la cota 363, la cual también era batida duramente por una gran masa de ametralladoras y morteros emplazada sobre ella, en Bizkargi:

> Con una precisión maravillosa las baterías protegían el avance. Mientras los grandes calibres volcaban sus cargas sobre las cimas del Urculu y del Gaztelumendi, los de montaña y de acompañamiento levantaban una cortina de fuego por delante de nuestras guerrillas. Y era de ver y de admirar cómo reventaban las granadas a escasos metros de las tropas, y cómo se adentraban paulatinamente a medida que éstas avanzaban.

A pesar de la gran desventaja en que se hallaba, el Batallón 34 UGT 4-Carlos Marx defendía duramente la posición, tal como recogería ese día el parte de operaciones de los atacantes, si bien, finalmente envuelto, se vio obligado a abandonar sus posiciones y retirarse por Goikolejea.

Así, al caer la cota 363, quedó el flanco derecho del Batallón 24 UGT 2–Indalecio Prieto desprotegido, por lo que la unidad, cuyas fuerzas se extendían desde el paso de Aretxabalgane hasta la cota 370, hubo de defenderse ahora, por sí sola, ante la embestida de todas las fuerzas atacantes. En aquel momento, era de vital importancia conservar el paso de la carretera, lugar donde se concentraban principalmente los bombardeos artilleros, los ataques aéreos y el fuego de las ametralladoras de Bizkargi. Según el testimonio de Steer:

Nuestro Batallón Prieto defendía el paso. Yo había estado con ellos antes en dos ocasiones. Era un cuerpo bien disciplinado, formado por hombres que solían saltar fuera de las trincheras para disparar a los aviones enemigos que venían a bombardearlos. Sus débiles alambradas, tendidas frente a sus posiciones, quedaron totalmente pulverizadas en media hora.

Espectacular secuencia de imágenes tomadas al monte Urkulu, castigado por la acción artillera y aérea. Nótese el humo oscuro del incendio cuando se disipa el humo blanco de la trilita (Biblioteca Nacional).

La escasa artillería vasca desplegada, consistente en 3 baterías de 75 mm, permaneció inactiva y oculta bajo la continua amenaza de los aviones de bombardeo de la Legión Cóndor que se hallaban en servicio constante sobre el terreno:

Esto fue lo que destrozó la moral del Batallón Prieto, que, sin embargo, resistió el bombardeo hasta el final. Entonces, hacia las dos de la tarde, cuando ya habían perdido la mitad de los efectivos, sus hombres abandonaron el paso de Morga. Eran demasiado pocos para defender la posición (…), mientras el asalto se llevaba a cabo a través de los pinos y con sólida protección de artillería. Durante la retirada, muchos hombres cayeron bajo las ráfagas de ametralladora.

Dueñas ahora del paso de Aretxabalgane, las fuerzas de la I Brigada de Navarra se lanzaron a la conquista del cordal de Urkulu, donde un último contingente del Batallón 24 UGT 2–Indalecio Prieto aún conservaba las cotas 171 y 170. Con la carretera de Morga a Larrabetzu en su poder, dos secciones de carros de combate alemanes, que agrupaban diez unidades *Panzerkampfwagen IA*, protegieron con el fuego de sus ametralladoras dobles el avance de la infantería atacante. El Tercio de Montejurra y la 2ª Bandera de Falange Española de Navarra progresaron en dirección noroeste hasta tomar la cota 171, y, poco más adelante, enlazaron con el 8º Batallón de América, que había tomado frontalmente la cota 170, tras vencer una importante resistencia que fue preciso doblegar concentrando sobre ella artillería. Finalmente, en el puesto de mando de Santa Cruz se recibió la noticia vía radio, captada sin codificar por la Policía Motorizada vasca: «*Dos cuarenta y cinco: cota 370 ocupada. Avanzo hacia la derecha. Del Comandante Tutor al jefe de Brigada*». Por su parte, desintegrado y con unas 200 bajas, el batallón socialista se retiró, dividido, en dos direcciones: hacia Fika por su izquierda y hacia Kantoibaso, a su espalda, intentando alcanzar el Cinturón, algo no exento de riesgo, ya que:

> ... al otro lado del Urculu, en aquella profunda barrancada que lo separaba del «cinturón de hierro», ardían los bosques con un incendio provocado [por la aviación] para impedir que los defensores de la primera línea recibiesen refuerzos de su retaguardia.

Mientras tanto, en el extremo norte del cordal, en la ermita de San Pedro –cota 190–, seguía en línea el Batallón 223 Juanelo de la II

Aspecto del monte Urkulu tras el bombardeo de sus defensas. Pueden observarse los atrincheramientos, los caminos de comunicación en zigzag, la presencia de vehículos en la carretera y, lo más importante, los impactos acertados o fallidos de la aviación rebelde (Aeronautica Militare).

Brigada Expedicionaria asturiana. Este objetivo había sido encomendado a la V Brigada de Navarra y hacia él se dirigió ahora toda la potencia artillera de los nacionales. A pesar de tener su flanco derecho desprotegido, se mantenía resistiendo un duro embate frontal. Simultáneamente, más al noreste de San Martín de Fika, en sus posiciones de Montañe –cota 120–, el Batallón 31 Zabalbide era atacado con gran violencia por efectivos de la VI Brigada de Navarra, teniendo sus milicianos republicanos que hacer frente a una columna de carros de combate procedentes de Fruiz. En esta ocasión, se trataba de una sección de cinco *Panzerkampfwagen IA* de la misma compañía que los anteriores, y asignados a la V Brigada de Navarra, los cuales con sus ametralladoras batían los objetivos señalados.

Avión alemán Henschel Hs 123, de bombardeo en picado, empleado por la Legión Cóndor en las operaciones de rotura del Cinturón de Hierro.

A su derecha, el Batallón 55 Kirikiño, más protegido en su loma de Mantzienagane –cota 135–, disparaba sus ametralladoras contra los carros, intentando fijarlos con su fuego, para así poder ayudar al 31 Zabalbide a sostenerse, lo cual finalmente no fue posible, perdiéndose sus posiciones. No obstante, y por otra parte, el 55 Kirikiño continuó combatiendo y repeliendo los ataques de la V Brigada de Navarra hasta el atardecer. A su derecha, el Batallón 223 Juanelo no pudo contener más a su adversario y hubo de replegarse, retrocediendo, hasta alcanzar el Cinturón, no sin antes cubrir la retirada, también hacia el Cinturón, de los gudaris del Batallón 55 Kirikiño, unidad que, finalmente, hubo de desalojar sus defensas para evitar ser copada desde sus flancos. A tal efecto, el mando franquista había previsto que «*si el enemigo se retira por los barrancos sin acogerse a la posición principal, será perseguido solamente por el fuego de artillería e infantería*», lo cual ya sería fatal para estas tropas que intentaban salvarse tras ser desalojadas de sus trincheras.

Desconectados del mando de la 1ª División, situado en Lezama, en la otra vertiente del Cinturón, quedaban en línea los batallones 68 ANV 3 y 16 Gordexola, en Fika y Gamiz respectivamente. Los oficiales de este último batallón acudieron al cercano castillo de Butrón, donde se encontraba el puesto de mando de la 5ª División, unidad ésta que cubría su flanco izquierdo. Allí, el jefe de la división, comandante Beldarrain, les aconsejó «*que replegaran hasta el Cinturón por Artebakarra*», para evitar su aniquilación, lo que finalmente hicieron.

Momento en que «El Alcahuete» sobrevuela la ermita de Santa Cruz para arrojar sobre el puesto de mando nacional el parte de observación aérea (¡A Bilbao!).

Accesos al paso de Are-
txabalgane desde Morga,
en la ladera del Urkulu,
ahora en manos del Ejér-
cito sublevado (Biblioteca
Nacional).

Para ese momento, los reporteros de guerra presentes que cubrían el conflicto desde los dos bandos, ya habían podido observar cómo todo el cordal de Urkulu había caído en manos de los sublevados. Steer, desde Urrusti contempló:

las banderas rojo y gualda ondeando a todo lo largo de las crestas de Urkulu (…). La estirada ola rojo y gualda a lo largo de las escarpadas crestas de granito parecía todo un programa de festejos.

Con más ilusión lo celebró Gómez Aparicio desde la ermita de Bizkaigane:

Y un ¡viva España!, recio, varonil, vibrante, rompió en nuestros labios cuando, en la lejanía, recortada en lo más alto de la primera cota, sobre el fondo sin horizontes de un cielo despejado y azul, se nos ofreció, radiante de promesas, un objeto inconcreto y desvaído en el que nuestro corazón, transido de fervores patrios, quería identificar la gloriosa bandera de España.

Su correligionario, el cronista «Tebib Arrumi», seudónimo de Víctor Ruiz de Albéniz, cerraría su crónica con euforia, elogiando el papel de la aviación por encima de todo:

La acción aérea ha sido realmente maravillosa. Puede decirse que a ella se debe en gran parte el éxito extraordinario hoy logrado. Más de cuarenta aparatos nuestros han estado castigando las líneas enemigas que, como digo, estaban tremendamente fortificadas (…) Insisto en que la resistencia enemiga ha sido hoy mucho más considerable que de costumbre, pero no les ha servido de nada» (El Tebib Arrumi, 1938).

No cesó la actividad aérea con la caída del cordal de Urkulu, sino que se trasladó al débil tramo del Cinturón situado entre los montes Urrusti y Gaztelumendi, así como a sus accesos. Jugaron un importante papel las bombas incendiarias, tal como dejó escrito Steer:

Otros cinco bombarderos pasaron paralelos en dirección oeste, arrojando bombas incendiarias sobre los tupidos pinares que envolvían la espalda del cinturón desde el valle hasta la cumbre. Todo quedó envuelto en llamas, palmo a palmo

Lo que también fue observado, en este caso con satisfacción, por «Tebib Arrumi»:

Ha sido tal el bombardeo de nuestros aviones, que, cuando yo me retiraba del lugar del combate, la línea o cinturón de Bilbao estaba todo él arrasado y con múltiples incendios (…) en realidad un verdadero volcán, sobre todo a las siete de la tarde, en que nuestra Aviación hizo un bombardeo de conjunto verdaderamente espantoso.

A los requetés del Tercio de Montejurra -en la imagen-, como a los falangistas de la 2ª Bandera de Navarra, les correspondió el asalto a los principales objetivos del Urkulu (Biblioteca Nacional).

Estas operaciones aéreas también tuvieron sus contrariedades para la Legión Cóndor, si bien escasas en comparación con el éxito obtenido. El Mando del Ejército de Euzkadi declaró haber derribado dos aparatos ese día en el frente vasco, uno de los cuales, un Henschel Hs-123 germano, pudo ser fácilmente reconocido. El avión, que operaba sobre el Cinturón, tuvo su final mientras picaba sobre uno de sus objetivos, cayendo junto a la carretera de Larrabetzu en dirección a Fika, sobre el barrio de Goikola. La causa de su derribo no pareció estar clara desde el primer momento. Desde la carretera de Urrusti a Lezama, Steer observó «una bola de fuego (…) el aparato alemán, alcanzado por nuestra artillería antiaérea, se estrelló en el suelo como una piedra candente».

Por su parte el corresponsal del diario Euzkadi que siguió la batalla, informó a sus lectores de que en el momento en que el avión cayó, no se vieron las nubecillas características de los antiaéreos, pero que probablemente le hubiera alcanzado una granada rompedora a gran altura, como puede leerse en su artículo. Euzkadi Roja,

La ermita de San Pedro de Atxispe, último reducto del Urkulu, fue defendida por los hombres del batallón asturiano 223 Juanelo (I. Ojanguren, Gure Gipuzkoa).

que publicó las fotos del aeroplano abatido y del piloto muerto, atribuyó el derribo a los disparos de:

... un grupo de acemileros que valientemente disparaban sobre los aparatos alemanes sin amedrentarse (...). Alcanzado por las balas de los gudaris, una explosión rompió el avión en ocho o diez pedazos, que cayeron desparramados en un radio de doscientos metros. El piloto no tuvo tiempo de utilizar el paracaídas. Además, creemos que no lo necesitaba. El cadáver, destrozado por la violencia del golpe, tenía una herida de bala en la cabeza».

Finalmente, la Legión Cóndor oficializó el relato de que, derribado el avión por fuego antiaéreo, el piloto, el sargento August Wilmsen de la escuadrilla experimental de caza VJ/88, «tras lanzarse en paracaídas, fue alcanzado por un disparo». Tiempo después, un monolito a pie de carretera recordaría su fallecimiento.

Si bien ese día, 11 de junio, la aviación franquista operó sobre las posiciones de Urkulu hasta su pulverización y después incendió el segmento más débil del Cinturón frente a las posiciones recién tomadas, también intentó neutralizar las comunicaciones y el envío de suministros por parte del Ejército vasco a su primera línea de frente para, así, obstaculizar la defensa. A tal efecto bombardeó las vías de abastecimiento a su paso por Derio, Lezama y Larrabetzu. En el primero de estos municipios se cruzan las carreteras Bilbao–Mungia y Sondika–Larrabetzu. Así mismo, por ahí discurre la línea de ferrocarril Bilbao–Lezama. Así, una considerable agrupación aérea, compuesta por bombarderos pesados, lanzó su carga explosiva sobre el mencionado cruce de Derio, con el fin de neutralizar las vías de comunicación citadas, más sin éxito. El conjunto de bombas no hizo blanco sobre las carreteras ni sobre la vía de tren y, por el contrario, cayó sobre el cementerio ocasionando grandes destrozos. A pesar de estos fracasos, los bombardeos persistieron en pos de sus objetivos.

No se libró tampoco en esta ocasión la población civil de la guerra aérea, tal como relataba la prensa vasca al día siguiente:

Las posiciones del batallón 34 UGT 4-Carlos Marx tras los combates. Al fondo se observa la cota 371 (Atxa) más al norte en el cordal de Urkulu (I. Ojanguren, Gure Gipuzkoa).

EN EL SECTOR DE FIKA SE PRODUJERON AYER COMBATES DE ENORME DUREZA
(Diario *Euzkadi*, 12 de junio de 1937)

UN APARATO FACCIOSO, DERIBADO

El parte oficial registra el derribo de dos aparatos enemigos. Y nosotros podemos dar a los lectores detalles de cómo cayó un caza alemán marca «Heinkel» que operaba en esta acción enemiga contra Urkulu.

Nos fijábamos precisamente en él cuando evolucionaba sobre Larrabetzua, y nos llamó la atención la forma en que «picaba» contra nuestras posiciones. Se lanzaba materialmente en barrena. Al poco trecho, lo envolvía una inmensa llamarada. El espectáculo fue realmente impresionante. El incendio fue breve. Inmediatamente produjo una explosión fuerte y cesaron las llamas. Se había destruido el aparato, cuya parte delantera, con las alas, iba dando vueltas. En el aire quedaban algunos trozos incendiados de lona, que iban cayendo lentamente. El avión, con un ruido profundo del motor, fue a estrellarse en las inmediaciones de la carretera de Larrabetzua a Goikolea, en el barrio de Olatxu, del mismo Larrabezua.

Era difícil saber la forma en que este caza había sido derribado, porque en el momento en que cayó, no se vieron las nubecillas características de los antiaéreos, y, creíamos que lo habría ametrallado alguna máquina, aun reconociendo la altura en que evolucionaba. Pero luego pudimos comprobar por algunos observadores de Urrusti que le había alcanzado una granada rompedora que estaba actuando con bastante elevación sobre distintos objetivos. Nosotros, como es natural, recogemos ese detalle de gran interés, que ha sido confirmado por otros gudaris que estaban convenientemente situados.

A las diez menos cuarto de la noche, todavía con algo de luz natural, aprovechamos un momento para acercarnos al lugar donde cayó el aparato. A unos cincuenta metros de la carretera estaba parte de él completamente carbonizado y deshecho. A la derecha, a unos cincuenta metros, vimos el cadáver del piloto, vestido con un "mono" marrón claro. Tenía la cabeza con un golpe bárbaro, ya que cayó sobre ella con los brazos abiertos. Quedó con los brazos en parecida postura, bastante en cruz, un poco encogidos. Presentaba la pierna izquierda destrozada. Más a la derecha, al fondo de la loma mencionada, cerca de unos caseríos, cayó el motor.

Al piloto se le ocupó una documentación que todavía no se ha examinado detenidamente, pero por la que se ve que el aviador era alemán. Todas las anotaciones están escritas en ese idioma. Esta documentación fue recogida por un capitán.

En la división que guarnece esa zona vimos las dos ametralladoras que llevaba el aparato, que fue derribado al atardecer, a las siete y cinco.

Los pilotos alemanes continuaron ametrallando los pueblos de nuestra retaguardia cercanos a la línea de fuego. Y así resultaron castigados Lezama y Larrabetzua, especialmente el primero de ellos, donde fueron destruidos unos diez edificios. En un caserío que quedó también convertido en escombros, murió un matrimonio de veinticuatro y veinticinco años.

Monolito erigido por la Legión Cóndor a su compañero August Wilmsen en la carretera a su paso por Goikola (Legión Cóndor).

Hombres del batallón 24 UGT 2–Indalecio Prieto marchando por las calles de Bilbao. Este batallón tenía un historial de combate impecable y durante horas sostuvo la defensa del monte Urkulu (Archivo General Militar de Ávila).

Derecha. El cronista Víctor Ruiz de Albéniz, conocido por su seudónimo «Tebib Arrumi», cubrió la campaña adjunto al mando nacional, enviando puntualmente sus crónicas de gran contenido propagandístico.

Milicianos del Batallón 31 Zabalbide atendiendo a un compañero herido en un parapeto sobre el que se emplaza un fusil ametrallador Hotchkiss. A esta unidad le correspondió la defensa de Montañe, sobre Fika (Creación).

La jornada, muy larga, por desarrollarse a mediados de junio, todavía podía dar algo más de sí para los atacantes. De esta manera, aunque el ataque al Cinturón propiamente dicho estaba planeado en la Orden General de Operaciones para el día D+1, es decir, para el 12 de junio, todo indica que, al menos, el Mando nacional intentó un tanteo en la zona. El diario de operaciones de la I Brigada de Navarra, comandada por el coronel García Valiño, refleja que a última hora del día 11 *«tiene lugar una preparación de artillería y aviación sobre Gaztelumendi-Cantoibaso, objetivo éste a alcanzar por la Brigada, comenzando durante ella la marcha de aproximación del 2º Batallón de San Marcial, el que, llegada la noche continua el avance, llegando hasta las alambradas de la posición enemiga»*, indicando después que *«las circunstancias de estar muy batido por el enemigo, no haber brecha por insuficiente preparación y no contar de noche con el apoyo de Artillería, aconsejaron dejar para el día siguiente, previa nueva preparación, la ocupación de Cantoibaso»*[46].

Tras esta decisión, García Valiño dejó de guarnición en las posiciones de Urkulu recién ocupadas a las mismas tropas que las habían tomado: al Tercio de Montejurra y a la 2ª Bandera de Falange Española en las cotas 363, 371 y 370, y al 8º Batallón de América entre esta última y la cota 190. Así mismo, adelantó al grueso de sus fuerzas a zonas resguardadas por las nuevas posiciones, destacando su 1ª Media Brigada en Aratxilo, su 2ª Media Brigada en Oñarte y la 1ª Media Brigada de la III Brigada de Navarra, cedida, en Orue. Tras el recuento de bajas, el coronel informó de la muerte de 22 de sus hombres, así como de 93 heridos. Así mismo, declaró haber hecho al adversario 84 muertos y haberle tomado 43 prisioneros.

46.- AGMAV, C.2676, 19 / 22-23

BOMBAS SOBRE EL CEMENTERIO DE DERIO
(George L. Steer, *El árbol de Guernica*)

Una escuadrilla de bombarderos pesados pasó sobre nuestras cabezas también rumbo a Derio, donde se cruzaban las carreteras generales Bilbao–Larrabezúa y Bilbao–Munguía, así como el pequeño ferrocarril. Un excelente blanco. Arrojaron todo su cargamento de bombas sobre ese punto y puede parecer que exagero al decir que la sacudida producida al hacer contacto con el suelo lanzó mi automóvil al otro lado de la carretera.

No pegaron ni en la carretera ni en el ferrocarril.

Las bombas, con toda su potencia devastadora, cayeron sobre el cementerio de Derio. Cuando el humo de ácido pícrico se disipó, fue posible contemplar el vampiresco escenario en que quedó convertido el camposanto cercado de tapias en que estaban enterradas tantas familias ricas. ¿Enterradas? No: había llegado para Derio el día de la Resurrección. Las tumbas, resquebrajadas, se hicieron pedazos, dejando al descubierto los ataúdes destrozados. Los ataúdes se hicieron pedazos dejando al descubierto los cuerpos en descomposición de personas tiempo atrás muertas. Algunos cadáveres, todavía frescos, quedaron descuartizados, con sus vidriosos huesos y sus corruptos órganos internos al aire. Derio es un valle muy húmedo. El gran rectángulo del cementerio olía a una mezcla macabra desconocida hasta entonces para la química bélica normal. Un nuevo TNT y vieja podredumbre. Columnas agrietadas, ángeles y cruces hechos añicos se desplomaron dentro de los cráteres de las bombas, de donde emergían montones de cadáveres en capas unas sobre otras. En ese atardecer los vascos de la generación anterior se revolvieron en sus tumbas.

Sus nietos tomaron mucho más en serio el bombardeo del cementerio de Derio que la pérdida de la línea ante el cinturón. Les hirió en sus más íntimos sentimientos religiosos.

Abajo. Milicianos asturianos posan junto a los restos del caza Heinkel He 51 derribado en las cercanías del monte Bizkargi en mayo de 1937. Su piloto, Hans Joachim Wandel, fue hecho prisionero tras saltar en paracaídas (Museo Memorial del Cinturón de Hierro).

Página siguiente, abajo. El castillo de Butrón, puesto de mando de la 5ª División vasca del comandante Bedarrain, en una ilustración antigua –arriba– y en el momento exacto de ser bombardeado desde el aire por la Aviación Legionaria –abajo– (Aeronautica Militare).

A pesar de la mala calidad de estas imágenes, su valor documental justifica su publicación: cadáver de August Wilmsen —izquierda— y restos de su avión Henschel Hs-123, derribado sobre Larrabetzu el 11 de junio por la tarde —derecha— (Euzkadi Roja).

Por su parte, la V Brigada, que también inició una maniobra de aproximación hacia Kantoibaso-Urrusti, tuvo igualmente que retirarse al llegar la noche. Mientras tanto, continuaba el terrible incendio producido por las bombas de termita de la Legión Cóndor, cuyas llamas dificultaban también los movimientos.

Sobre la importante jornada transcurrida, los diarios de noticias se hicieron eco a la mañana siguiente. De entre la prensa de los defensores, fue el diario nacionalista *Euzkadi* el que presentó a sus lectores el reportaje más completo, a pesar de la dificultad de informar en unos momentos tan críticos: «*En el sector de Fika se produjeron ayer combates de enorme dureza*», donde, si bien se ofrecían muchos detalles verosímiles de los hechos, lógicamente no se daba el resultado, aunque podía deducirse de la lectura. Por su parte, desde el lado contrario, destacaba la crónica del diario de Falange Española Tradicionalista *La voz de España*, impreso en San Sebastián, con un titular que decía: «*Se ha rebasado la primera línea de fortificaciones del cinturón de Bilbao*» y un extenso reportaje interior del corresponsal Fernando Ors. Para unos y para otros, las horas siguientes serían críticas.

EL CONTRAATAQUE NOCTURNO

Conociendo la costumbre del Ejército vasco, mantenida desde el comienzo de la ofensiva, de aprovechar la noche, cuando la aviación y la artillería pesada no podían operar, para realizar contraataques tendentes a recuperar las posiciones perdidas durante el día, el Ejército rebelde se mantuvo en alerta en las líneas recién capturadas. Temiendo un ataque con blindados por el paso de Morga, colocó allí una batería de cuatro cañones contracarro.

Ciertamente, el mando vasco, desde última hora de la tarde, preparaba un contraataque sobre Urkulu para hacerse nuevamente con el cordal y, así, evitar la amenaza directa sobre el Cinturón y también impedir el desbordamiento y posterior caída de Mungia en manos contrarias.

La operación nocturna fue asignada a las fuerzas de la XII Brigada de Euzkadi, del comandante Carmelo Domenech, acantonada en Larrabetzu, así como a las de la IV Brigada Expedicionaria asturiana, del comandante Tomás Díez, situadas de reserva en la zona. La brigada vasca disponía de tres batallones: el 12 CNT 4–Sacco y Vanzetti, el 38 Abellaneda y el 30 CNT 6–Celta. De ellos, los dos primeros participarían en el ataque, mientras que el tercero quedaría de reserva. Por su parte, la brigada asturiana disponía también de tres batallones: el 212 CNT 6–Mario, el 231 Máximo Gorki 3 y el 252 Méjico, quedando el primero de reserva. En la planificación del ataque quedó descartado el empleo de blindados, por temor a que en caso de contrariedad estos quedasen atrapados en las curvas de la carretera que asciende a Aretxabalgane. El conjunto de las fuerzas asaltantes lo comandaría el teniente coronel Nino Nanetti, internacionalista italiano recientemente llegado del frente del Centro.

La aproximación al objetivo, desde Larrabetzu, se produjo tras anochecer, pasando inadvertida a la aviación nacional que, sin luz,

El combate nocturno sobre el cordal de Urkulu fue reñidísimo, cuerpo a cuerpo, como lo describiría el dibujante A. Kemer que acompañaba a los soldados nacionales. Finalmente, los requetés y falangistas allí desplegados consiguieron repeler el contraataque (Fotos).

Al Batallón 12 CNT 4–Sacco y Vanzetti –en la imagen–, junto a los batallones 38 Abellaneda, 231 Máximo Gorki 3 y 252 Méjico, les fue encomendado un contraataque nocturno con el fin de reconquistar el cordal de Urkulu (Archivo CNT, Fondo de Amsterdam).

no operaba. Los batallones recorrieron la distancia de unos cinco kilómetros que les separaba de las posiciones de Urkulu.

Llegados a su destino, las distintas unidades se lanzaron contra sus objetivos, no sin antes adelantar pequeñas patrullas de tanteo. La dotación de los atacantes consistía en algunos fusiles ametralladores, fusiles convencionales y granadas ofensivas. Por su parte, las precauciones defensivas tomadas por García Valiño tuvieron su recompensa.

Enormes columnas de humo sobre la hondonada que separa el cordal de Urkulu y el Urrusti, donde las unidades vascas habían presentado su última resistencia. El incendio provocado por la termita no comenzaría a extinguirse hasta la mañana siguiente. En la imagen inferior, además pueden observarse, al fondo, las posiciones del Cinturón, blanco de los proyectiles adversarios (Biblioteca Nacional).

De este modo, los milicianos anarquistas del Batallón 12 CNT 4–Sacco y Vanzetti intentaron alcanzar el alto de Aretxabalgane, pero los franquistas les hicieron fuego con su batería antitanque, con el alza a cero, así como con numerosas ametralladoras, repeliendo el ataque.

Más éxito tuvieron los gudaris nacionalistas del Batallón 38 Abellaneda que consiguieron alcanzar, ya en el Urkulu, posiciones cercanas a la carretera. Este hecho, recogido como ocurrido a las 12 de la noche, probablemente tuvo lugar horas más tarde. El comandante Jaime Villanueva solicitó refuerzos para sostener su posición, sin lograr su propósito, al menos con inmediatez. A su izquierda, los batallones asturianos alcanzaban las lomas más altas del monte, las cotas 371 y 370 respectivamente, siendo repelidos. Tal vez fue entonces cuando el Batallón 30 CNT 6–Celta, de reserva, intervino en auxilio de sus compañeros, en un área comprendida entre el flanco izquierdo del paso de Aretxabalgane y la cota 371, a tenor de los restos ahí localizados.

Una impresión de este combate nocturno, posiblemente bastante cercana a lo ocurrido, la dio Gómez Aparicio, quien aunque lógicamente no estuviera presente durante los hechos, recibió la información de primera mano. El largo relato, descargado de la propaganda de guerra innata al mismo, puede resumirse así:

Cuerpo a cuerpo en la noche. De entre los árboles, comenzaron a fluir sombras en gran número. ¡Era el enemigo, que atacaba, como de costumbre, en grandes masas! Precedida por un clamor de gritos, la masa obscura se lanzó a carrera. Crepitaban las armas, y el barranco se iluminaba con las explosiones. El combate, un combate feroz entre sombras, llegaba a su momento cumbre. El tableteo de las armas automáticas y el estruendo de la fusilería ensordecían a los combatientes. Las bayonetas brillaban a los tímidos resplandores de una indecisa luna. Y cada instante era un paso más que acortaba la ya escasa distancia que separaba a los dos bandos.

Los rojos estaban realizando un esfuerzo supremo por reconquistar las excelentes posiciones perdidas horas antes. Ascendían los hombres por entre las breñas, asiéndose a los salientes de las rocas y a las raíces descarnadas de los arbustos, mientras desde arriba se les hacía un fuego mortífero. Y los hombres se desplomaban y rodaban de peñasco en peñasco, sin que el avance se detuviese ni se aplazara el momento, ya inminente, del cuerpo a cuerpo. Tenían los asaltantes la consigna de reconquistar el Urculu fuere como fuere y a costa de todo.

El Batallón 30 CNT 6–Celta –en la imagen– y el 212 CNT 6–Mario quedaron de reserva en Larrabetzu la noche del 11 de junio. Posteriormente, efectivos del primero de ellos intervendrían en auxilio de sus compañeros en el contraataque nocturno en Urkulu (Archivo CNT, Fondo de Amsterdam).

La carretera que desciende hasta Larrabezúa era el punto preferido por el enemigo para sus desesperados asaltos. Tratábase de cortar todo enlace entre el Bizcargui y el Urculu, al objeto de dejar a éste envuelto. Habían sido emplazadas en aquel lugar cuatro piezas que tronaban sin cesar, mientras reventaban las granadas minúsculas entre las guerrillas bolcheviques. Entre tanto, por una de las cotas centrales del Urculu lograron filtrarse los rojos hasta las mismas crestas y poner pie en las zanjas de los parapetos. Pecho contra pecho, fusil contra fusil, bayoneta contra bayoneta, era disputada la posesión de las peladas rocas.

Pero por las laderas del Urculu ascendían refuerzos que habían de decidir la suerte del combate. Acosados, empujados, los milicianos rojos fueron poco a poco desalojados. Puestos en franca desbandada. Quedaron tapizadas las crestas de milicianos que habían pagado con la vida su loca aventura. Las primeras claridades del nuevo día, sorprendieron a nuestros muchachos dando cristiana sepultura, sobre el ensangrentado campo de batalla, a varias docenas de muertos enemigos.

Bastante menos veracidad tendría la crónica de «Tebib Arrumi», la cual, en su parte informativa venía a decir lo siguiente:

El campo de batalla de Urkulu tras amanecer. Al fondo se erige la cota 370 (Gantxu) (I. Ojanguren, Archivo Histórico de Euskadi).

El enemigo, que no supo defenderlas, preparó durante la noche última un durísimo contraataque, lanzando al amanecer contra nuestras recién conquistadas posiciones, nada menos que tres brigadas. Desde media noche hicieron violenta preparación artillera. (...) un fuego escandaloso, creyendo que con él nos atemorizaríamos. En el alba, iniciaron el asalto al Urculu», ya que, como hemos visto, el contraataque fue sorpresivo, sin preparación artillera, de noche y no al amanecer, y a cargo de cuatro batallones y no de tres brigadas. La continuación del relato, aún con evidentes exageraciones, se aproxima más a lo ya expresado por su correligionario Gómez Aparicio: *«Los rojos venían desesperados contra nuestras líneas, pensando que no habíamos tenido tiempo de fortificarlas debidamente (...). Sus esperanzas resultaron fallidas. La resistencia más tenaz se opuso a este terrible contraataque. Fue tal, que no se preocupaban los enemigos, en su afán de arrebatarnos el terreno conquistado, de resguardarse de nuestro fuego. Así resultó que les hicimos una carnicería tremenda, verdaderamente horrible».* Cerraba su crónica dando una cantidad fabulosa de muertos, heridos y prisioneros republicanos, muy alejada de las cifras oficiales del propio Ejército nacional.

El contraataque de la noche del 11 de junio dejó numerosos muertos y prisioneros republicanos, vascos y asturianos. Así mismo, también las fuerzas franquistas hubieron de lamentar muchas bajas. En la imagen, milicianos del Batallón 12 CNT 4-Sacco y Vanzetti capturados en el Urkulu (Vértice).

Finalmente, al amanecer del día 12 de junio, el Batallón 38 Abellaneda, solo y aislado en las posiciones alcanzadas por la noche, hubo de retirarse, con las manos vacías y unas 150 bajas, hacia Goikolejea.

Por su parte, el diario de operaciones de la I Brigada de Navarra anotó lacónicamente: *«A las tres de la madrugada son fuertemente atacadas las posiciones del Urculu, ataque que dura dos horas, siendo rechazado por las guarniciones, que hacen al enemigo más de 200 muertos, más tarde recogidos, quedando en poder de nuestras fuerzas 25 prisioneros (...). Bajas: 12 muertos y 24 heridos»*[47], lo que da fe de la dureza extrema del contraataque.

---

47 .- Ibid

12 DE JUNIO. LA ROTURA DEL CINTURÓN

El día 12 de junio amaneció soleado, como el día anterior. La batalla final por el Cinturón de Hierro se encontraba próxima. La suerte de Bilbao y, por ende, tal vez de todo el Norte republicano, se iba a dirimir en las siguientes horas y los sujetos de la contienda eran conscientes de ello. Los corresponsales de guerra, sabedores de estar viviendo un momento histórico, lo plasmaron en sus artículos y memorias. Los ya mencionados Steer, desde el lado gubernamental, y Pedro Gómez Aparicio, desde el polo opuesto, así nos lo dejaron en herencia. El británico, veterano de la guerra de Abisinia, observó al finalizar la jornada de la víspera:

Jaime Urkijo, capitán ayudante del jefe de la VI Brigada vasca, comandante Cristóbal. A él le tocó reorganizar las fuerzas de la brigada destinadas a la defensa del Cinturón de Hierro (Intxorta Kultur Elkartea).

> En ambos bandos del frente la tensión y la ansiedad debieron hacer sentir su presencia aquella noche. Todos sabían que al día siguiente se decidiría la suerte de una de las mayores ciudades de España. (…) Gómez y sus oficiales se fueron a la cama, casi al amanecer, para descansar unas horas antes del inicio de la gran batalla.

El reportero franquista, por su parte, iba aún más allá cuando escribía sus impresiones:

> Para los coetáneos, los grandes hechos carecen, inevitablemente, de perspectiva. Pero hay en ellos algo que subyuga y fascina, que arredra y que anonada; algo que llama con voces apremiantes (…): "Vives hoy un capítulo histórico: hínchate de emoción y da gracias a Dios por haberte permitido vivirlo. Cuando pasen los tiempos, las gentes hablarán de aquello que hoy has visto. (…) En los venideros relatos, ¡quién sabe si no encontrará un hueco tu testimonio de testigo que alguna vez dio fe de lo que hará conmoverse y ha de apasionar a las generaciones del futuro!" Yo tengo la jactancia pueril de haber vivido las horas grandes de la rotura del "cinturón de hierro" de Bilbao (…) aquellas dos jornadas del 11 y del 12 de Junio, que fueron la clave de la guerra, no sólo de Vizcaya, sino acaso del Norte.

La importancia del momento no era para menos y los propios máximos dirigentes de ambos contingentes enfrentados también lo sabían. El lehendakari Aguirre, a pesar de mantener su optimismo innato, recibió las novedades del día 11 con dolor, escribiendo inmediatamente al ministro Indalecio Prieto un telegrama más, en el que angustiosamente le pedía aviones para contrarrestar la superioridad absoluta de los atacantes sobre los cielos del Cinturón y su entorno:

224

11 de junio. Acabo de regresar frente después de contemplar espantoso ataque aviación artillería enemigas. Aparatos número no menor ochenta contados por mí. Zona cinturón ha sido terriblemente castigada incendiando comprendida entre Urrusti y Gaztelumendi. Estimo situación peligrosísima si inmediatamente no se presenta en masa aviación República contrarrestando absoluta libertad acción contraria después de setenta y dos días de ofensiva[48].

Por su parte, el general Franco, sabedor de tener la victoria al alcance de su mano, se desplazó hacia Vizcaya y se unió, en la ermita de Santa Cruz del monte Bizkaigane, a la dirección y seguimiento de las operaciones de rotura del Cinturón, llevadas a cabo por los generales Dávila y Solchaga desde la mañana del día 11. Dos días después, el diario *El Adelantado* de Segovia lo resumiría de la siguiente manera: «*El generalísimo asistió personalmente al desarrollo de la operación contra el cinturón de hierro, estando acompañado de los generales Dávila y Solchaga. A través de las brechas abiertas pasaron siete brigadas* (sic)». En dicha ermita, sobre una de sus paredes exteriores, la Diputación de Vizcaya haría colocar en septiembre de 1938 una placa conmemorativa con la siguiente inscripción: «*Desde esta ermita / los días 11 y 12 de junio de 1937 / el Caudillo / Francisco Franco / dirigió la batalla victoriosa / que reintegraba / la tierra vizcaína a la unidad / constante e inmutable de la / Patria / La Diputación de Vizcaya / recuerda este hecho histórico / para que el viajero ponga en él / su pensamiento y emoción*».

El comandante Francisco Gorritxo –segundo por la izquierda–, jefe de la IV Brigada vasca. Su brigada, batida anteriormente en Peña Lemona, puso dos batallones en línea en Gaztelumendi y Kantoibaso (Intxorta Kultur Elkartea).

A pesar de que la placa así lo recogía, no hemos encontrado referencias a la presencia de Franco en Bizkaigane el 11 de junio, en las crónicas escritas en esa fecha y consultadas. Los periodistas, no dados a pasar por alto esos hechos, solo citan la asistencia de Dávila y Solchaga. Sin embargo, «Tebib Arrumi», en un artículo escrito el día 12 por la tarde, reflejó que «*El Generalísimo en persona ha presenciado la operación de ayer y la de hoy*», sin haberle citado en sus anteriores crónicas. Tras la muerte de Franco y la llegada de la democracia, la placa fue retirada de la ermita de Santa Cruz por las nuevas autoridades.

El Plan General de Operaciones, en lo concerniente al día D+1 que comenzaba, estimaba dos fases: una primera de rotura del Cinturón, con la apertura de una brecha en las débiles defensas vascas existentes entre el monte Gaztelumendi y las dos lomas gemelas de Urrusti, que ocupaban

48.- FIP, Fondo Víctor Salazar, 1/Caja 21, Carpeta 2, 44

una franja de unos 3 km; y una segunda fase de explotación, en la que las numerosas tropas pasadas por esa brecha se desparramarían en todas las direcciones, tomando las sólidas defensas de Larrabetzu por su espalda y alcanzando importantes objetivos sobre la carretera del valle de Asua, que les permitiesen posicionarse ante el siguiente y último cordal que defendía Bilbao.

Para la defensa, y tras haber quedado la víspera fuera de combate diez o doce batallones de línea y de reserva, el general Gámir tuvo que reorganizar sus fuerzas disponibles dentro del frente de la 1ª División. La situación era la siguiente:

Componentes de la 1ª División. De la XIV Brigada se encontraban inoperativos los batallones 16 Gordexola (a salvo en el frente de la 5ª División), 24 UGT 2–Indalecio Prieto (desmembrado) y 66 Zergaitik Ez (en el monte La Cruz sobre Erletxe), quedando disponible su reserva de brigada, es decir, el Batallón 44 Salsamendi. De la XVII Brigada se encontraban inoperativos los batallones 31 Zabalbide (desmembrado), 55 Kirikiño (muy afectado por las pérdidas) y 68 ANV 3 (a salvo en el frente de la 5ª División), quedando disponible su reserva de brigada, o sea, el Batallón 7 Azaña–Vizcaya. De la II Brigada Expedicionaria de Asturias –en otras fuentes nombrada con el número I– se encontraba inoperativo el Batallón 223 Juanelo (muy afectado por las pérdidas), quedando operativos los batallones 228 Mateotti y 234 Somoza.

Reserva General. De la XII Brigada se encontraban inoperativos los batallones 12 CNT 4–Sacco y Vanzetti y 38 Abellaneda (fatigados y muy afectados por las pérdidas) y, tal vez, también el 30 CNT 6–Celta (tras ser movilizado como reserva). De la IV Brigada Expedicionaria de Asturias se encontraban inoperativos los batallones 231 Máximo Gorki 3 y 252 Méjico (fatigados y muy afectados por las pérdidas), quedando operativo el Batallón 212 CNT 6–Mario. Por otra parte, la Brigada de Montaña, con los batallones 1, 2 y 3 de Montaña, permanecía de guarnición en el Cinturón. Además, se movilizó a la VI Brigada, entonces de permiso tras su éxito en Peña Lemona, formada por los batallones 4 Rosa Luxemburgo, 28 UGT 13–Baracaldo, 35 Amuategui y 59 Rebelión de la Sal, brigada que relevó a la XVII Brigada en la madrugada del día 12 de junio, por orden del comandante Gómez de la 1ª División. Por último, se enviarían de refuerzo, apresuradamente, dos batallones de la IV Brigada de la 2ª División: el Batallón 5 UHP y el Batallón 56 Martiartu.

Oficialidad del Batallón 7 Azaña, unidad que se desplegaría el 12 de junio en el vértice de Astoreka (Creación).

En lo referente a la VI Brigada vasca, cabe indicar que su movilización corrió a cargo de Jaime Urkijo, capitán ayudante del comandante Manuel Cristóbal Errandonea:

[El 11 de junio] a las once y media de la noche, recibí una comunicación telefónica del jefe de la brigada que me llamó con toda urgencia a Bilbao para hacerme cargo de la media brigada, que allí se

De las dos brigadas expedicionarias asturianas que intervinieron en los combates de los días 11 y 12 de junio en torno al Cinturón, a estos hombres del Batallón 228 Mateotti se les encomendó cubrir el flanco derecho del monte Gaztelumendi (C. Suarez, Muséu del Pueblu d'Asturies).

estaba reorganizando. Una vez puesto al frente de ella, recibí orden de trasladarme cerca de Larrabetzu, y ponerme a las órdenes de Gómez. Este, a su vez, me envió a cubrir el ala izquierda de la 4ª Brigada mandada por Gorricho y que se había situado en el Urrusti. Según me dijeron, las fortificaciones en este punto eran excelentes. Hecha ya la toma de posición, es cuando pude dar rienda suelta a mi desilusión, pues las fortificaciones, si así se las podían llamar, estaban desprovistas hasta de la más elemental línea de alambradas (…) justo a la izquierda de donde fue roto el Cinturón» (Urkijo, 2014).

Sabemos por el propio Urkijo que esa fuerza tenía 1400 hombres, excediendo un poco más de la plantilla de dos batallones completos. También sabemos que los batallones 28 UGT 13–Baracaldo y 59 Rebelión de la Sal tomaron parte en los combates, con lo que nos queda la duda de si la media brigada de que habla Urkijo se limitaba a esos dos batallones completados por los reemplazos o agrupaba a todos los batallones de la brigada que juntos disponían ya sólo de 1400 hombres tras el desgaste de Peña Lemona. Hasta ahora y en trabajos anteriores, nos hemos inclinado por esto último. No obstante, tras conocer que algunos de los gudaris del Batallón 59 Rebelión de la Sal eran bisoños en la jornada del 12 de junio y no habiendo encontrado fuentes primarias que confirmen la presencia de los batallones 4 Rosa Luxemburgo y 35 Amuategui en ese campo de batalla, también gana terreno la primera opción.

Por otra parte, el jefe de la IV Brigada, Francisco Gorritxo, no precisa en sus memorias la aportación de su unidad a la defensa de Kantoibaso pues explica que el día 11 *«estoy atento a la orden de mi entrada en fuego por el flanco izquierdo. No recibo instrucciones»* y, presumiblemente el día 13, *«He enviado un batallón a vanguardia para ayudar en algo y evitar sea barrida nuestra gente»* (Gorritxo, 2011), cuando hay evidencia de que el día 12 se desplegaron los dos batallones mencionados, en línea en el Cinturón.

Precariamente, Gámir dispuso sus tropas a lo largo del sector del Cinturón amenazado y, con los datos y testimonios disponibles, estimamos que lo hizo en el orden siguiente: Batallón 44 Salsamendi (cotas 298 y 274); Batallón 7 Azaña desplegado a 90° con el anterior, sobre el vértice de Astoreka y la carretera a Larrabetzu; Batallón 228 Mateotti cubriendo el flanco derecho de Gaztelumendi; Batallón 56 Martiartu en el monte Gaztelumendi (cota 322); Batallón 5 UHP en Kantoibaso (cota 302), enlazando a su izquierda con el Batallón 234 Somoza que defendería Urrusti Sur (cota 347). El servicio de ametralladoras en los nidos existentes lo realizaría la 5ª Compañía del Batallón 53 Saseta. Más adelante, en dirección noroeste, se desplegaron las fuerzas de la VI Brigada, con el Batallón 59 Rebelión de la Sal en Urrusti Norte (cota 349), seguido por los batallones 35 Amuategui (en duda), 28 UGT 13–Baracaldo y, finamente, el 4 Rosa Luxemburgo (en duda), que habrían ocupado las posiciones hasta Berreaga. Allí, enlazarían con la Brigada de Montaña formada por los tres batallones de montaña que guarnecían el paso de Artebakarra y sus alrededores. A ello, habría que sumar la presencia del Batallón 212 CNT 6–Mario, posiblemente de reserva en Larrabetzu.

Milicianos de la 3ª compañía del Batallón 5 UHP, pertenecientes a la IV Brigada de Euzkadi, que serían desplegados en Kantoibaso.

Por su parte, el Mando franquista comenzó la jornada siguiendo lo establecido en su Orden General de Operaciones:

> Preparación: Después de un tiro de hostigamiento durante la noche, a la hora H comenzará un tiro de corrección seguido de dos periodos de eficacia en cadencia creciente hasta las H+120', observándose intervalos de silencio durante los ataques de Aviación.

La hora H fue las 8 de la mañana. Para entonces, además, ya se habían extinguido los incendios provocados 12 horas atrás por las bombas alemanas de termita. También sobre esa hora, Steer, acompañado del periodista belga Mathiew Corman, acudió a Urrusti y desde ahí, caminó hasta Kantoibaso, observando que las trincheras aún estaban pobremente defendidas. Sus ocupantes estaban recibiendo una remesa de nuevas ametralladoras, aunque los nidos de cierta consistencia se reducían a seis, de los cuales sólo tres estaban terminados y uno estaba protegido por una cubierta de rollizos de pino. Enfrente, en la lejanía, pudo observar algunas de las posiciones artilleras del adversario, de norte a sur, desde el valle de Mungia a los altos de Errigoiti, Mendigane, Meñaka y Morga.

Durante una hora, la artillería nacional realizó tiro de corrección sobre el Cinturón, no siendo aún tan peligroso para los defensores el despliegue y asentamiento en sus posiciones:

> Ya a las ocho la loma sobre el cinturón estaba coronada por fuego de artillería, pero enfrente, sobre Urkulu, no había ni vestigios de movimiento (…). La artillería ligera estaba disparando demasiado alto y la mediana muy bajo. (…) A lo largo de la loma había muy pocos refugios y estaban insuficientemente terminados.

Durante las dos horas siguientes, el fuego de artillería se fue recrudeciendo, con la participación de todas las piezas dispuestas, entre 40 y 45 baterías, según los cronistas, aumentando gradualmente su cadencia:

> Eran las diez de la mañana y las granadas llovían cada vez con más intensidad. Unas 30 por minuto, según cronometré en el sector de Kantoibaso, acelerando la velocidad cada cuarto de hora.

Al igual que la víspera, el 12 de junio de 1937 la Artillería nacional se empeñaría a fondo contra el Cinturón, como lo demuestran estas imágenes tomadas ese día por la mañana, cuando decenas de cañones abrieron fuego contra el segmento comprendido entre Gaztelumendi y Urrusti, previo a la rotura de la línea (Biblioteca Nacional).

Como habían planificado los atacantes, los bombardeos artilleros irían simultaneados con ataques aéreos sobre la zona batida. Para ello emplearon una masa aérea sin precedentes en la historia: 70 bombarderos y 40 aviones de caza, totalizando 110 aparatos en formaciones de punta. Si la artillería machacaba las defensas vascas, la aviación, además, segaba sus reservas, bombardeaba e incendiaba los objetivos, proporcionaba ojos a los atacantes y ametrallaba a los defensores. Estos soportaban como podían la agresión, pero los refugios construidos no eran suficientes para ello.

Si bien estaba previsto que la fase de preparación durase unas dos horas, todo parece indicar que duró el doble, un tiempo que se hizo eterno no solo para los sufridos gudaris y milicianos vascos y asturianos que la soportaron, sino incluso también para aquellos informadores que, a distancia, seguían los hechos para la prensa franquista, y para los soldados de la infantería nacional que esperaban la orden de tomar al asalto las posiciones adversarias. Así, Gómez Aparicio relataría en su crónica:

Todo lo que alcanzaban nuestros ojos a ver ofrecía el mismo aspecto: explosiones que se sucedían (…) El bombardeo alcanzaba su intensidad máxima. (…) las escuadrillas de trimotores, apenas se veían libres de sus cargas y reemprendían el vuelo de regreso, eran sustituidas por los "cazas", en sus bruscos descensos para ametrallar las líneas enemigas; las cuarenta baterías de todos los calibres, desparramadas por las alturas circundantes, cosían

Combatientes de la I Brigada de Navarra observan desde el monte Urkulu, tomado la víspera, el bombardeo de las posiciones de Cinturón entre Kantoibaso y Urrusti (Biblioteca Nacional).

literalmente con sus proyectiles la línea quebrada de los atrincheramientos; (…) A fuerza de prolongarse, el espectáculo se nos hacía monótono. Era una hora de bombardeo tenaz a la que sucedía otra hora sin que la intensidad del bombardeo decayese un punto. Y, luego, otra. Y, después, otra... Sesenta minutos infinitos de explosiones horrísonas, de estruendos formidables (…). Y cuando los sesenta minutos terminaban, daban comienzo otros sesenta. Iguales, infinitos, llenos de estruendos colosales y de explosiones temerosas.

Por su parte, los republicanos ya desde algún tiempo atrás habían concentrado algunas piezas de artillería para la defensa. El 22 de mayo, un informe del C.T.V. italiano, ya citado, situaba el emplazamiento de una batería de cuatro piezas Ansaldo de 7,5 cm a la izquierda de la Cota 349 (Urrusti Norte), bajo los pinos, sin duda la misma que observó Steer la mañana del día 12 de junio:

Pieza Krupp Ansaldo de 75 mm fotografiada en Larrabetzu a finales de mayo de 1937. La artillería ligera vasca disponía de una batería de estos cañones emplazada en la cota 349 de Urrusti, oculta bajo árboles, en la fecha de la batalla (Archivo CNT, Fondo de Amsterdam).

… oculta tras la débil pantalla de una fila de pinos, (…) una batería de 75. Una de las tres en línea para la defensa del cinturón. Pero nadie se había preocupado de su enmascaramiento».

Aunque el británico no da detalle del emplazamiento de las otras dos baterías, sabemos que el 31 de mayo se encontraban situadas dos piezas Arisaka T-31 de 7,5 cm en la cota 298, a la derecha de Gaztelumendi[49]. Así mismo, por esas mismas fechas, fuera del cordal Gaztelumendi–Urrusti, pero en sus cercanías, se hallaba emplazada la artillería de la 2ª División vasca, que consistía en una sección de 15,5 cm en la carretera de Usansolo a Bedia, una batería de 7,5 cm en la carretera de Erletxe a Larrabetzu, y tres piezas de 7,7

49.- AGMAV, C.2874, 12 / 10

cm en el barrio Sarrikolea de Larrabetzu[50].

En principio, desde el Cinturón no se respondió al fuego artillero contrario, sin duda por la facilidad para la aviación y los observadores nacionales de descubrir las piezas y neutralizarlas con fuego de contrabatería. Sin embargo, todo indica que algunas de las piezas emplazadas al abrigo del cordal, hicieron fuego sobre el adversario:

Hombres del Batallón 30 CNT 6–Celta en Larrabetzu, en torno a un sencillo puesto de transmisiones. Los teléfonos de campaña eran uno de los recursos más eficaces para comunicar las posiciones con el Mando, aunque lo más habitual era el envío de enlaces (Archivo CNT, Fondo de Amsterdam).

Aquella mañana la artillería del Gallo se había empleado con una gran intensidad. Pero, contrabatida implacablemente por la nuestra, sólo de vez en cuando hacía ahora una media docena de disparos. (…) Las piezas nacionales volcaban sobre las posiciones enemigas una terrible tempestad de metralla. Sus proyectiles caían en los parapetos con una exactitud difícilmente superable, y a simple vista se advertía cómo abrían, en ellos y en las alambradas protectoras, mellas profundas (…) La observación bolchevique creyó localizar nuestros cañones. Hacia mediodía, las baterías rojo-separatistas entraron en una actividad impresionante. Los explosivos del 15,5 comenzaron a cruzar sobre las crestas del Urculu, en cuyas arboledas dejaban prendido como el temblor de un huracán. (…) A la vez, dos o tres baterías del 7,5 hicieron del Urculu el blanco de sus tiros (Gómez Aparicio, 1937).

Sobre esa hora, la compañía de carros *Panzer* apareció en escena, asomándose desde Fika y desde Aretxabalgane, con intención de alcanzar la vaguada situada a los pies del Cinturón y proteger el avance de las Brigadas de Navarra que iniciarían próximamente el asalto. Mientras, los aviones de bombardeo continuaban sobrevolando el cordal en toda su longitud, batiéndolo, alternándose con la artillería que ya alcanzaba a disparar 80 proyectiles por minuto, siendo entonces el monte Gaztelumendi el blanco central de los ataques: la artillería martilleaba la línea y la aviación destruía las reservas de la contrapendiente.

Finalmente, la preparación terminó a las 12 horas, según recogió el Diario de Operaciones de la I Brigada de Navarra. Era el momento de la Infantería. Seguramente, para entonces, las tropas desplegadas para la defensa del Cinturón estarían diezmadas, con sus soldados en estado de shock tras los bombardeos sufridos y, en muchos casos, alejados de las posiciones, en lugares donde estos

50.- AGMAV, C.2874, 12 / 18

hombres habrían podido encontrar el refugio que las trincheras no les brindaban. Según Luis Armiñan, reportero de la revista Vértice, basándose en el cálculo de un oficial franquista, durante las 15 horas previas a la rotura del Cinturón «*se dispararon 46 000 proyectiles y la artillería y aviación arrojaron sobre el campo enemigo 660 toneladas de plomo* (sic)», cantidad que nos llevaría a pensar en una media de 250 disparos realizados por cada pieza de artillería, lo cual, aunque encontramos bastante exagerado y propagandístico, puede servir de referencia de los consumos barajados.

La Orden de Operaciones establecía la rotura del Cinturón según el siguiente plan:

La infantería comenzará su avance a las H+90' para hallarse a las H+120' a distancia de asalto. Las zonas de avance, direcciones y objetivos de ataque para las vanguardias de las 1ª, 5ª y 6ª Brigadas serán: Vanguardia de la 1ª. Desde los pinares de la vertiente noroeste de Urculu (sur de Orue), en dirección Etxebarri-Cantoibasos, con objetivo Cantoibasos; Vanguardia de la 5ª, desde el barranco entre cotas 190 y 135, en dirección Asilloal-Urrusti (cota 347), con objetivo Urrusti (cota 347); Vanguardia de la 6ª, desde el barranco entre las cotas 135 y 120, en dirección Landaverde-Urrusti (cota 349), con objetivo Urrusti (cota 349).

Por los diarios de operaciones de estas brigadas, puede deducirse que el plan inicial varió un poco en cuanto a los objetivos finales, quedando para la V Brigada la meseta intermedia entre Kantoibaso (cota 202) y Urrusti Sur (cota 347) y para la VI Brigada las dos cotas de Urrusti (347 y 349).

Así, a las 13 horas, con evidente retraso con respecto al horario inicial, se ponían en marcha las tropas, descendiendo de sus posiciones de partida. Para facilitar el acercamiento, los cazas proporcionaron cobertura a los batallones franquistas:

Se acercaba el momento del anhelado desenlace. Nueve aviones de caza vinieron a anunciarlo, con su fatídico «carroussel de la muerte». Como flechas se lanzaban sobre las posiciones rojas, desde alturas de más de mil metros» (Gómez Aparicio, 1937).

Abrigo de sacos terreros en Larrabetzu, en las inmediaciones del Cinturón, a finales de mayo de 1937 (Archivo CNT, Fondo de Amsterdam).

Impresionante fotografía tomada desde un bombardero italiano Savoia-Marchetti S.M.81 *Pipistrello*, en el momento en que las posiciones del Cinturón más débiles están siendo bombardeadas con bombas de 50 kg (Aeronautica Militare).

Protegidos tras los carros de carros de combate, los soldados franquistas atravesaron la vaguada y comenzaron a tomar posiciones al pie del cordal Kantoibaso–Urrusti que se disponían a asaltar.

Desde la línea del Cinturón, la maniobra no pasó desapercibida a los defensores, quienes comenzaron a ocupar sus posiciones. Una de las piezas de 75 mm de la batería situada junto a Urrusti Norte (cota 349) hizo tres disparos contra los carros, que se detuvieron. Localizada por la aviación, recibió, diez minutos después, fuego de contrabatería en tandas de ocho disparos, silenciándola, mientras desde el aire, los cazas le hicieron cinco muertos entre la dotación. La aproximación de los carros y de las tropas se reanudó. Desde Gaztelumendi y Kantoibaso los nidos de ametralladora comenzaron a abrir fuego contra sus adversarios. La respuesta por parte de estos fue reanudar el fuego artillero hasta pulverizar, o al menos silenciar, aquellos fortines:

De lo más hondo de la barrancada subió (…) un rumor denso, prolongado, estremecedor, como el ulular del huracán (…). Los dos Ejércitos estaban ya a la escasa distancia del tanteo y comenzaban a medir sus fuerzas con un tiroteo bárbaro. Había que vencer de modo fulminante este postrer intento de resistencia rojo-separatista. Y el estruendo de los cañonazos volvió a llenar el valle. Las granadas reventaban en medio de las concentraciones bolcheviques y, apenas eran puestas en franca dispersión, las palmeras de fuego de las explosiones los perseguían, y los acorralaban, y los envolvían con cercos de metralla que centuplicaban de manera visible el espantoso estrago (Gómez Aparicio, 1937).

A consecuencia del fuego de artillería sobre los nidos de ametralladora, algunos de sus ocupantes resultaron heridos o perdieron la vida en el interior de estas casamatas batidas por artillería pesada, como fue el caso del comandante del Batallón 53 Saseta, Roque Amunarriz, fallecido, quien se hallaba en la zona para compartir con sus hombres los momentos de mayor peligro. Según el testimonio del servidor de ametralladora Paco Busto, destinado en el nido de Kantoibaso:

En esto se presentó el comandante del batallón, Roque Amunarriz, (…) ordenó mantener la posición en medio de un intenso bombardeo. Esto sería sobre el mediodía. (…) Al poco tiempo de estar allí se encasquilló la máquina y el comandante Roque mandó llevar el cañón a los armeros. (…) Tomé el tubo de la pieza y apenas había andado 10 metros, un obús me hizo detener y se produjo una fuerte explosión (…) el nido había volado (Beldarrain, 1991).

Por su parte, Steer y Corman permanecían en la zona, testigos de los acontecimientos, a pesar del peligro que ello suponía:

Súbitamente, delante y a nuestro alrededor todo pareció ponerse en movimiento. Su artillería disparaba ahora con más rapidez que antes. (…) La ladera frente a Gastelumendi se hallaba velada por una impenetrable cortina de humo. No se veía nada: ni de las trincheras, ni de los nidos de ametralladoras, ni de las seis alambradas dobles de púas que antes las protegían.

Así, tras este episodio, con ímpetu y precedidos por el tiro de sus baterías, comenzaron el ascenso las unidades de vanguardia de las Brigadas de Navarra: el 2º Batallón de San Marcial de la 1ª Media Brigada de la III Brigada de Navarra,

Nido de ametralladora situado en Gaztelumendi, alcanzado por un proyectil que ha dejado un orificio en la cubierta de hormigón, hiriendo a los ocupantes (I. Ojanguren, Gure Gipuzkoa).

adjunto a la I Brigada de Navarra; el 3º Batallón de Argel de la 2ª Media Brigada de la V Brigada de Navarra; y el 2º Batallón de Ceriñola de la VI Brigada. Tras ellas, avanzaría el resto del contingente atacante. Después de escalar con éxito la pendiente del cordal, una avanzadilla del 3º Batallón de Argel fue la primera fuerza en alcanzar las posiciones del Cinturón, a las 14:25 horas, sirviéndose de bombas de mano y desalojando a los defensores, logrando así abrir una brecha en el Cinturón, entre Kantoibaso (cota 302) y Urrusti Sur (cota 347). Tras ellos, llegaría el resto del 3º Batallón de Argel, seguido del resto de batallones de la 2ª Media Brigada, con los que ensanchar la brecha lograda y sostener las posiciones conquistadas, a la espera de enlazar por su izquierda con la I Brigada de Navarra y por su derecha con la VI Brigada.

Una hora después, el 2º Batallón de San Marcial coronaba Kantoibaso, seguido inmediatamente del resto de la 1ª Media Brigada de la III Brigada de Navarra, ensanchando la brecha hasta ocupar Gaztelumendi (cota 322). A la misma hora, el 2º Batallón de Ceriñola de la VI Brigada de Navarra, unido a la Agrupación Tutor, tomaba Urrusti Sur, seguido del resto de batallones de su brigada,

Proyectiles de artillería listos para ser disparados contra el Cinturón. Durante las operaciones de rotura de la línea se consumieron decenas de miles de estos proyectiles, según cálculos de los propios atacantes (Estampas de la Guerra).

prevenidos ante cualquier contingencia, pues, como señala su diario de operaciones, «*el enemigo opuso seria resistencia, que fue opuesta por nuestras fuerzas*». Por su parte, el 13º Batallón de Zaragoza, partiendo de la cota 347, atacó y ocupó la cota 349 (Urrusti Norte). Allí, el batallón vasco 59 Rebelión de la Sal fijó con fuego automático al atacante y, si bien perdió la cota, se atrincheró en las posiciones siguientes, con lo que la VI Brigada ya no avanzó más ese día en el sentido noroeste que tenía encomendado.

Eufóricos por el triunfo, los periodistas franquistas expresarían su satisfacción a través de sus crónicas. Para Gómez Aparicio,

El mito del «cinturón de hierro» –pesadilla angustiosa de España y esperanza suprema de un adversario acorralado y derrotado siempre– había quedado roto».

Pero a pesar del éxito de esta primera fase y de la casi imposibilidad de que los gubernamentales consiguieran, contraatacando, expulsar a los invasores y volver a cerrar la brecha producida en el Cinturón, pues carecían de recursos y moral suficiente para ello en aquel momento, el desarrollo del plan para el día D+1 no había terminado. La segunda fase exigía profundizar en el éxito, explotar la victoria, no dar tregua al adversario en retirada y, sobre todo, tomar del revés las fuertes defensas del Cinturón en Larrabetzu y lograr tener bajo control la carretera del valle de Asua: «*Y así, mientras las primeras unidades de asalto llegadas a las cumbres se desparramaban a izquierda y derecha, nuevas fuerzas iban a reforzarlas (…). De este modo, a la hora y media de logrado el primer objetivo, por el portillo del "cinturón de hierro" habían penetrado no menos de veinte batallones –acaso más de diez mil combatientes–*». Pero el plan también incluía la toma de objetivos mucho más distantes y ambiciosos, además de fortificados, en la sierra de Ganguren, ya sobre Bilbao en su vertiente oeste, lo que sería muy improbable de lograr en plazo y habría que dejar para fecha posterior.

Carros de combate *Panzer IA* en una carretera vizcaína. Una compañía formada por 16 de estos blindados fue empleada los días 11 y, sobre todo, 12 de junio para doblegar las defensas vascas (F. Marín, Kutxateka).

La Orden General detallaba que:

La 1.ª Brigada avanzará sobre la Cota 243 y ocupará después las alturas de Irurimendi (238) y San Bartolomé (197). Con

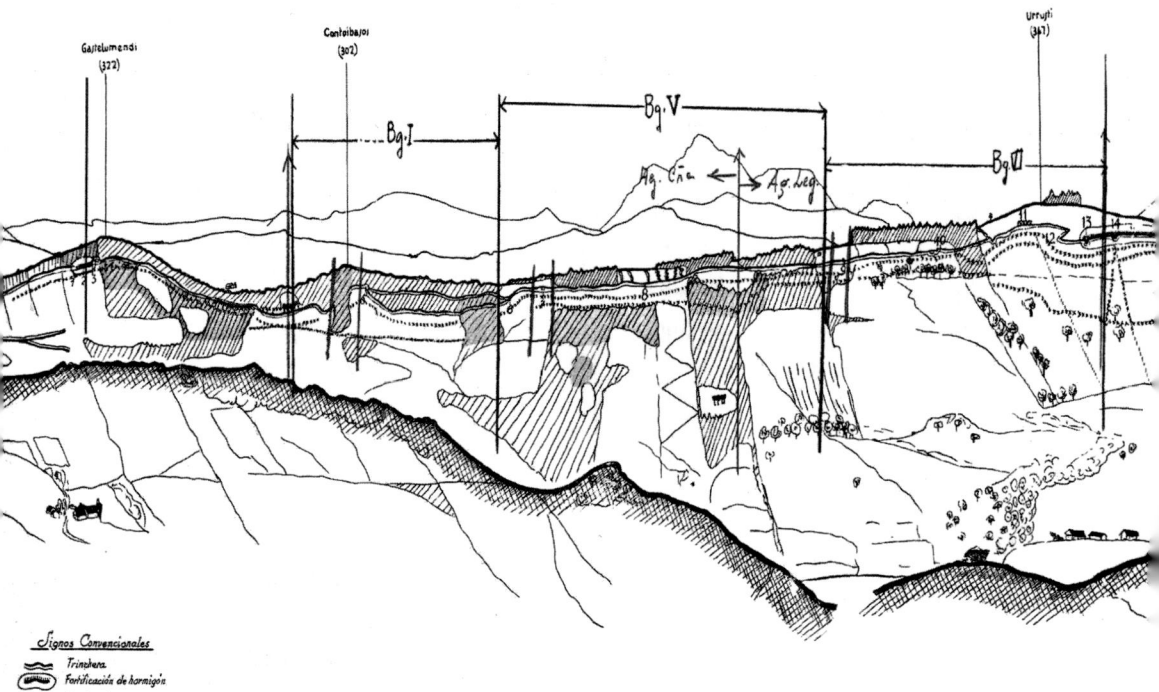

Vista del campo enemigo desde Mendigane.

Gaztelumendi (322)   Cantoibajoi (302)   Urrusti (347)

Bg·I   Bg·V   Bg·VI
Ag. Cña   Ag. Izda.

Signos Convencionales
Trinchera.
Fortificación de hormigón
Alambrada.

una de sus agrupaciones rebasará estas posiciones y marchará al suroeste de Irurimendi para ocupar las alturas 421 - 430-422, desde donde avanzará a 385 y 258, extendiéndose más tarde por su derecha hacia Santa Marina para enlazar con la 5.ª Brigada. (...).

Así, tras la toma de Gaztelumendi, la 1ª Media Brigada de la III Brigada profundizó en dirección Larrabetzu y ocupó la Cota 243. Por su parte, los efectivos de la 2ª Media Brigada de la I Brigada hicieron lo propio con Irurimendi, a su derecha, mientras los de la 1ª Media Brigada, maniobrando a su izquierda, tomaban las cotas 298 y 274, situadas al Sureste de Gaztelumendi. Como recordaremos, estas últimas habían sido muy fortificadas en fechas previas al ataque, pero planeado este, fueron marginadas del asalto directo. No se movió más la Brigada ese día. El comandante Domenech de la VII Brigada de Euzkadi, desconocedor de la situación real del Cinturón, envió al batallón 38 Abellaneda, muy mermado tras el contraataque nocturno, a guarnecer el perímetro de la ermita de San Bartolomé, sin llegar a tener contacto con la I Brigada de Navarra y retirándose a la mañana siguiente para evitar su copo. Por su parte, el coronel García Valiño trasladó su puesto de mando desde Urrusti hasta Gaztelumendi, desde donde actuaría durante las siguientes horas. Tras el recuento de bajas, la rotura del Cinturón había costado a su unidad la vida de 24 hombres, entre ellos un jefe y un oficial, y 99 heridos, habiendo hecho a sus rivales 25 muertos y 20 prisioneros.

El estrecho portillo de tres kilómetros de anchura apenas fortificado y elegido por los atacantes para la rotura del Cinturón, según las observaciones llevadas a cabo por los cartógrafos nacionales. El asalto de las brigadas de Navarra se produciría entre Kantoibaso y Urrusti, donde solo se observan zanjas de trinchera (Archivo General Militar de Ávila).

236

El comandante del Batallón 53 Saseta, Roque Amunarriz, en una imagen de cuando aún era capitán. Amunarriz tenía su 5ª Compañía desplegada en la zona atacada y acudió al lugar para infundir confianza a sus hombres, encontrando fatalmente la muerte a consecuencia del impacto de un proyectil de artillería (Archivo Histórico de Euskadi).

Nido de ametralladora situado en Kantoibaso y destrozado por un impacto de artillería pesada, tal vez de un obús de 305. Según el testimonio del ametrallador Busto, aquí murió el comandante Amunarriz (I. Ojanguren, Gure Gipuzkoa).

Por su parte, la V Brigada, protagonista de la jornada, también tenía unos objetivos muy precisos y ambiciosos sobre el papel:

La 5.ª Brigada avanzará su primera agrupación a la línea Ermita de Santo Tomás–Ermita de San Vicente-Garayolza y desde ella pasará a ocupar la altura de Santa Marina (425) protegiendo su flanco derecho hacia Zamudio. Después se extenderá por las cumbres hasta Archanda (213) quedando en posiciones entre ambas alturas (…).

Una vez abierta la brecha entre Kantoibaso y Urrusti por la 2ª Media Brigada, la 1ª Media Brigada subió desde sus posiciones de Fika a Urrusti y, en una penetración profunda, su Batallón de Valladolid ocupó la ermita de San Vicente y la aldea de Goitioltza, mientras que el 7º Batallón de Ametralladoras ocupaba Garaioltza, así como sus alturas dominantes, quedando sus fuerzas a las puertas de Lezama, población recientemente bombardeada y hasta entonces puesto de mando de la 1ª División de Euzkadi. Tomados estos objetivos y, sin traspasar la carretera del valle de Asua en dirección a la sierra de Ganguren, el avance quedó ahí detenido. Si bien esta carretera aún no había caído en poder de la V Brigada de Navarra, la posibilidad de quedar batida desde las alturas cercanas, dificultaría bastante la retirada de algunas fuerzas vascas en situación comprometida.

Por último, «La 6.ª Brigada que debe envolver la línea enemiga entre Urrusti (349) y Mantuliz, avanzará sus primeras unidades a la línea de alturas 171–170-Daño Goika-Oeste de 349, llevando su derecha por las cumbres y prolongando su avance sucesivamente hasta ocupar como posición final la línea San Roque (222)-Lañamendi (246)-Mantuliz (246) (…)». Como ya hemos visto anteriormente, la unidad, una vez alcanzadas las cotas 347 y 349 de Urrusti, detuvo su avance, retrasado por la resistencia hallada y la hora avanzada, dejando su progresión a lo largo del Cinturón en dirección noroeste para la siguiente jornada. Durante la acción, la Brigada declaró haber tenido 78 bajas mortales, estimado en 300 los muertos hechos

ROTURA DEL CINTURÓN DE HIERRO

Zona por donde los nacionales rompieron el Cinturón y entraron en Bilbao

Movimientos de las Brigadas de Navarra

Barrika · Plentzia

Mixta Flechas Negras

Punta Galea · Sopela · Urduliz

Punta Lucero

Berango · Laukiz · Mungia

Zierbena · Munarrikolanda · Gatika

Aeródromo de Somorrostro · Algorta · Unbe · Gamiz-Fika

Serantes

Aeródromo de Asúa · Bilbao · Urrusti · Urkulu

Área a unos 15 km de Bibao · Zamudio

x
Brigada

xx
División

Artxanda · **Bilbao** · Lezama · Larrabetzu

Río Cadagua · Galdakao · Amorebieta

Ejército de Euzkadi

10.500 hombres
20 cañones y obuses
0 aviones

Eretza · Peña Lemona

Sodupe · Ganekogorta · Ugao / Arrakundiaga · Ibaizabal · A Durango

Brigadas de Navarra

12.000 hombres
180 cañones y obuses
110 aviones

Gueñes · Kamaraka · Laudio · Zeberio · A Vitoria

A Burgos

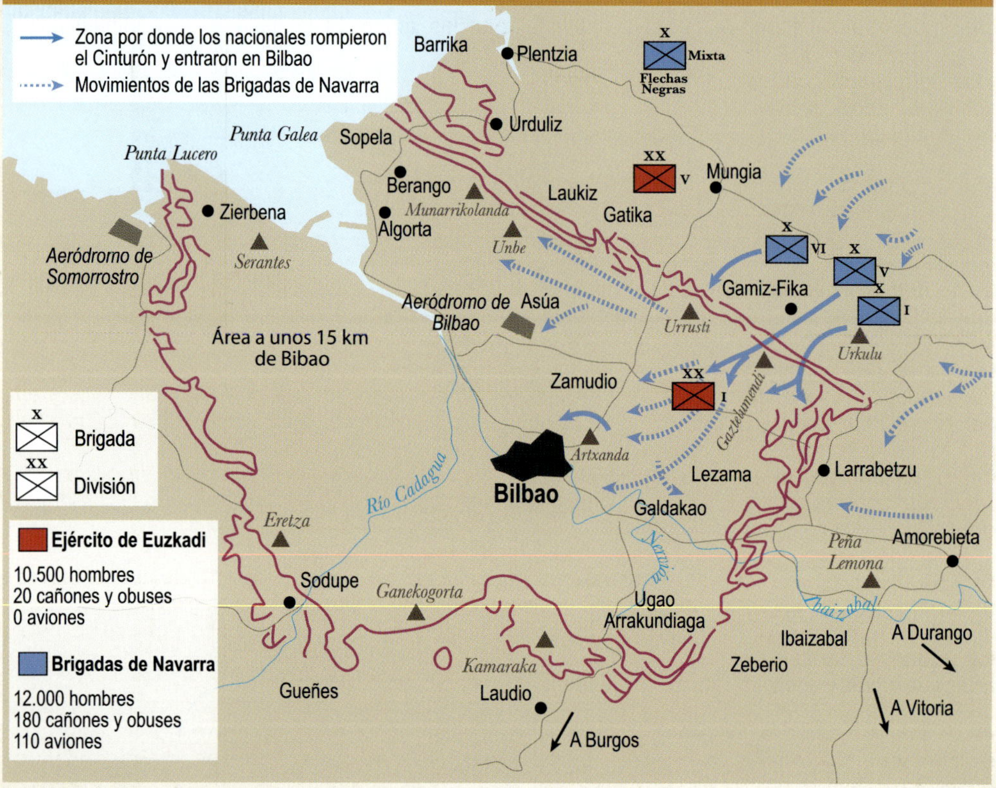

AITA PATXI

UN BEATO EN LA BATALLA DEL CINTURÓN DE HIERRO

Victoriano de Gondra nació en la localidad de Arrieta el 5 de marzo de 1910. Ingresó con 12 años en el seminario pasionista de Gabiria (Guipúzcoa), tomó el nombre «Francisco de la Pasión» y fue ordenado sacerdote en junio de 1936.

El 8 de diciembre de 1936 fue llamada la quinta de 1931 por el Gobierno de Euzkadi. Victoriano ingresó en el Cuerpo de Capellanes de Euzkadi (*Euzko Gudarostearen Jaurparijak*) con el grado de teniente y fue destinado al batallón de gudaris 59 Rebelión de la Sal (Lopategui, 1978). Fernando Zabala, capitán de la 3ª Compañía, contaría que «*Mi primera impresión fue pesimista. Moreno, pálido, de mal color (…) extremadamente tímido, apocado, con los ojos en el suelo. Llamó mi atención su facha de pusilánime, "de poca cosa"*» para después reconocer que «*mi primera impresión no fue acertada*».

Aita Patxi, como pasaron a llamarle los gudaris, se ganó un gran respeto por su generosidad, temple y asistencia a los combatientes en el frente.

El 11 de junio, por la noche, el batallón 59 «Rebelión de la Sal» salió en autobuses hacia Zamudio y, desde allí, los hombres subieron andando a las posiciones de Urrusti, que ocuparon al amanecer del día 12. En palabras del gudari José Fernández Zamanillo, que recibió su bautismo de fuego en esa fecha, «*Pasamos un día ajetreado,*

(Gráficas Bilbao)

batido por todos los fuegos: aviación, artillería, tanques, ametralla-doras, fusilería (…). A última hora de la tarde, cesaron los tiroteos y cansados, extenuados, sin haber comido en todo el día, nos escondimos entre los matorrales y accidentes del terreno para poder descansar algo».

Muchos gudaris fueron heridos y, mientras esto ocurría, Aita Patxi *«no paraba, andaba de una parte a otra, auxiliando a todos»*. Marcos Arteagagoitia, teniente de la 4ª Compañía, recuerda que *«Las bombas de aviación y los obuses de los cañones caían infernalmente en tromba. La metralla batía nuestras indefensas posiciones como una lluvia de fuego (…) Aita Patxi desafió a la muerte. Demostró estar poseído de un valor sobrehumano. Continuaba de pie sobre las trincheras. Le vi correr de un lado para otro, buscando a los heridos y los muertos. La metralla seguía azotando implacablemente la posición. Y Aita Patxi seguía en pie, envuelto en polvo y humo, atendiendo y salvando las almas de sus compañeros moribundos (…) no murió porque no había llegado su hora»*. Igual percepción tuvieron todos sus compañeros de armas, como el gudari Luis García Montejo: *«[A Aita Patxi] le vimos sobre las trincheras del "cinturón" a cuerpo descubierto bajo la metralla enemiga (…) Sólo le obsesionaba la suerte de los que veía agonizar trágicamente»*.

Al llegar la noche, el sacerdote bajó a Zamudio. Al siguiente día, domingo 13 de junio, celebró misa, de madrugada, en el caserío Fules, donde había pernoctado con otros gudaris. Después, con otro sacerdote, el Padre Celestino, se dirigió al caserío Dañobeiti a celebrar otra misa, para los gudaris y habitantes de la casa. Allí les sorprendió la llegada de los soldados franquistas. Intentaron huir y esconderse, pero en vano. Fueron hechos prisioneros.

Aita Patxi pasó una odisea penitenciaria a través de campos y cárceles. En dos ocasiones solicitó ser fusilado en lugar de otras personas condenadas a la máxima pena. En la primera ocasión, en San Pedro de Cardeña (Burgos), como anotaría en el diario el jefe del pelotón de ejecución: *«Se colocó frente a los soldados, que estaban preparados para cumplir la sentencia, di al piquete orden de estar listos para disparar. Al padre Francisco se le veía feliz y sonriente por morir en lugar del condenado. Yo no pude contener la emoción y le dije "padre, ¡retírese!"»*.

La segunda ocasión, también frustrada, sería cuando los penados cavaban trincheras frente a la Casa de Campo en el Frente de Madrid.

Finalmente, tras muchas penalidades, fue liberado. A partir de los años 40 llevó una vida de sacerdocio, piedad y oración, que le granjearon fama de santidad entre las personas que le trataron y en las poblaciones en las que ejerció su ministerio. Falleció de leucemia el 6 de agosto de 1974.

En la actualidad se encuentra en proceso de beatificación, tras haber sido reconocidas sus «virtudes heroicas» por el papa Benedicto XVI. En Bilbao, una plaza lleva su nombre.

Ilustración propagandística de la rotura del Cinturón de Hierro, obra de Gregorio Hombrados Oñativia para un calendario sevillano (Col. Aitor Miñambres Amezaga).

a los republicanos y en otros 300 los prisioneros, cantidades un tanto redondas que podrían ser orientativas.

El cronista franquista «Tebib Arrumi» ligó el éxito del día 12 de junio no ya al anterior del día 11 sino, sobre todo, al de la pasada madrugada en Urkulu. A su juicio, en aquellos combates había quedado el Ejército de Euzkadi desfondado, sin capacidad de recuperarse para ofrecer una dura

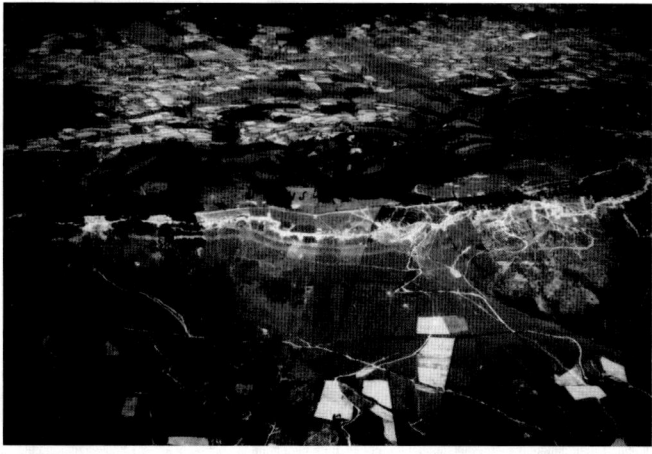

El flanco derecho de la cota 349 de Urrusti, en el entorno del punto de rotura del Cinturón de Hierro. A las 14:25 del 12 de junio de 1937 una primera avanzadilla del 3º Batallón de Argel conseguía abrir una primera brecha entre Kantoibaso y Urrusti (Aeronautica Militare).

resistencia en el Cinturón llegado el momento: «*más trascendencia que el brillantísimo avance ayer logrado, tenía el durísimo castigo que se infligió al enemigo en el contraataque que (…) había realizado a primera hora de la mañana de hoy. Y no me engañaba en mi presagio, porque, en efecto, contra todos los cálculos, el hecho de la rotura ha sido mucho más fácil para nuestros soldados que otros muchos hechos de armas*», lo que, como hemos visto, no carece de lógica. Señal de ello es que, contra toda costumbre, no se produjo contraataque alguno para cerrar la brecha, como seguramente se planteó el mando vasco, por falta de efectivos con que llevarlo a cabo por carecer de reservas.

En Bilbao, una vez más, el lehendakari escribió al ministro de Defensa informándole de una pérdida capital sufrida por falta de medios para la defensa:

Nido de ametralladora emplazado en el flanco derecho del monte Gaztelumendi. La tronera, de gran amplitud, se ha protegido con sacos terreros. Estas posiciones, en el entorno de la cota 298, quedaban a la izquierda de la zona principal del ataque y fueron tomadas por efectivos de la I Brigada de Navarra (I. Ojanguren, Gure Gipuzkoa).

12 de junio. Situación gravísima. Enemigo ha roto cinturón por sitio más débil después de horroroso ataque durante dos días aviación artillería en medio irritante y angustiosa indefensión nuestra. (…) Si Bilbao interesa a República, ha llegado momento de exigir envío hoy mismo aviación en número suficiente contener enorme concentración material aéreo artillería enemiga que será imposible resistir, pese esfuerzos heroicos realiza ejemplar pueblo vasco. (…)[51].

Así terminaba la jornada más decisiva de la Guerra Civil en el Norte.

51.- FIP, Fondo Víctor Salazar, 1/Caja 21, Carpeta 2, 51

Estado de una trinchera del tramo Kantoibaso–Urrusti tras la rotura del Cinturón, en una imagen tomada días después por un soldado de la Legión Cóndor.

Prisioneros republicanos en manos de los requetés. La imagen está tomada el 12 de junio por la mañana en Urkulu y seguramente muestra a gudaris o milicianos participantes en el contraataque de la noche anterior (Biblioteca Nacional).

LOS ÚLTIMOS DÍAS

El día 13 de junio, con las primeras luces, las fuerzas franquistas reiniciaron su avance sobre Bilbao. Particular importancia tuvo la toma de Larrabetzu, «*uno de los más firmes pilares del `cinturón de hierro´*», población que, como hemos visto, se encontraba bastante fortificada, hasta el punto de que sus defensas hubieron de tomarse del revés, una vez roto el Cinturón por su punto más débil en Kantoibaso. En torno a la ermita de San Bartolomé (cota 197), posición encomendada como objetivo a la I Brigada de Navarra, se habían mantenido, durante la noche, las distancias entre la 1ª Media Brigada de la III Brigada y las fuerzas del Batallón 38 Abellaneda que la guarnecían. Esta unidad vasca se retiró ante el peligro de quedar copada, pues los nacionales estaban a punto de cerrarle el paso en las dos direcciones de salida posibles, Erletxe y Lezama, ya muy amenazadas. Con la ocupación de San Bartolomé, las defensas de Larrabetzu emplazadas en Bolunburu, sobre la margen derecha de la carretera de Morga a su entrada a Larrabetzu, quedaban también en poder de las tropas de García Valiño. Esas posiciones habían estado guarnecidas, muy posiblemente, por el batallón asturiano 212 CNT 6–Mario, el cual perdió allí a algunos de sus hombres.

Frente a ellas, al otro lado de la carretera, custodiando la entrada al pueblo por la parte izquierda en el sentido de avance, se encon-

ACTIVIDADES DE LA LEGIÓN CÓNDOR *

DÍA 11-06-1937

1).- K/ 88 (Junkers 52) Con una escuadrilla bombardearon por tres veces y con otras dos efectuaron otros dos bombardeos, sobre las posiciones principales de la parte N. de LARRABEZUA.

2).- VB/88 (Bombarderos rápidos) Efectuaron tres bombardeos sobre las posiciones enemigas de vanguardia, así como sobre el cruce de carreteras en la retaguardia de las posiciones.

3).- A/88 (Heinkel 70) Bombardearon tres veces las posiciones de vanguardia, al S. de las posiciones principales, así como los caseríos.

4).- J/88 (Cazas)

a) Atacan por dos veces las posiciones de vanguardia.

b) Protegen el vuelo de los Junkers.

c) Por dos veces atacaron la esquina E. de la posición principal, así como las carreteras de retaguardia y un bosque que fue bombardeado con bombas incendiarias.

Los bombarderos en picado atacaron los camiones blindados, así como el resto del tráfico que se encontraba en la carretera al N. de LARRABEZUA.

PÉRDIDAS. - Un avión Henschel 123 (24) en un bombardeo en picado explotó destrozándose a 200 metros al E. de LARRABEZUA. La suerte del piloto se desconoce.

Un BF 109 (6) aterrizó forzoso cerca de EIBAR. Piloto bien y el estado del avión se desconoce todavía.

***

DÍA 12-06-1937

Varias escuadrillas han cooperado en el ataque y rotura del frente de BILBAO.

1).- K/88.- (Junkers 52) Salieron para bombardear, tres veces con 21 aviones, las posiciones principales y las alturas de los montes a 3 km E. de BILBAO.

2).- A/88.- (Heinkel 70) Efectuaron tres bombardeos con 9 aviones sobre las posiciones principales y carretera de Munguía a Bilbao al S. de las posiciones principales.

3).- VB/88.- (Bombardeos rápidos) Bombardearon los mismos objetivos que los He 70.

4).- J/88.- (Cazas)

a) Con una escuadrilla protegieron el vuelo de los Junkers 52.

b) Con dos escuadrillas atacaron por cuatro veces el tráfico de las carreteras de retaguardia que comunican con las posiciones principales.

5).- F/88.- (Antiaéreas) Tiró con gran resultado sobre objetivos de tierra.

Por haber tirado una bomba corta un SAVOIA resultaron heridos, en la 5ª batería, cuatro hombres y tres muertos, además de considerables averías en el material.

* Archivo Histórico del Ejército del Aire, LC, 228 y 230

Nueve trimotores Junkers 52 regresan de una misión en el frente próximo a Bilbao. (Col. Aitor Miñambres Amezaga).

traban las fortificaciones de Borobileta, consistentes en trincheras, alambradas y al menos un nido de ametralladora de hormigón armado. Este paso fue forzado por dos secciones de carros de combate *Panzerkampfwagen IA*, llegadas desde Aretxabalgane junto con tropas de refuerzo de la I Brigada de Navarra, las cuales, avanzando por la carretera mencionada que rodea por el exterior el perímetro del Cinturón, entraron en Larrabetzu, enlazando con aquellas otras fuerzas de su misma brigada que habían penetrado la víspera por el interior y se habían posesionado ya ese día de las alturas inmediatas al pueblo.

Los vencedores erigieron este monumento con forma de cruz en la cima de Gaztelumendi para conmemorar la rotura del Cinturón de Hierro y recordar a sus caídos. La obra se mantuvo, aunque últimamente muy deteriorada por los sabotajes, hasta el 10 de julio de 2017 en que fue derribada por el Ayuntamiento de Larrabetzu (I. Ojanguren, Gure Gipuzkoa).

A lo largo de las horas y fechas siguientes, la suerte de Bilbao y la de otros sectores del Cinturón se fue dilucidando, a medida que se desarrollaban las operaciones.

Desde el punto de rotura, en Urrusti, efectivos de la VI Brigada de Navarra fueron recorriendo y ocupando las posiciones del Cinturón en dirección noroeste, hacia el mar. Mientras, otro contingente de la misma unidad avanzaba en la misma dirección por la carretera del valle de Asua, paralela al cordal fortificado, ocupando los pueblos a su paso.

El teniente de Artillería Francisco Markaida, oficial del Batallón de Máquinas de Acompañamiento a la Infantería 77 Irrintzi, estaba en el Cinturón desde la víspera, con sus morteros de 81 mm emplazados en Urrusti, hasta cuando finalmente este monte fue tomado y el avance detenido:

El enemigo no tuvo decisión de avanzar por la cima. Todos hubiéramos sido hechos prisioneros. A nuestra vanguardia había tropas sometidas a su fuego, pero

La ermita de San Bartolomé de Loroño. Hasta sus cercanías llegaron las avanzadillas de la I Brigada de Navarra el 12 de junio. Se mantuvo guarnecida hasta la mañana del siguiente día por efectivos del Batallón 38 Abellaneda (Gobierno Vasco).

ENFRENTAMIENTO ENTRE BLINDADOS
(Los Panzer I frente a un BA-6 en Larrabetzu)

En la ocupación de Larrabetzu tuvo especial protagonismo la compañía de carros de combate Panzer I asignada a la 61ª División nacional. En palabras de Pedro Gómez Aparicio, *«los carros de asalto estuvieron también en la línea del Gallo, donde fueron los primeros en cruzar el puente de Larrabezúa, en vísperas de penetrar, triunfantes, en el valle de Asúa y de descender de Santo Domingo para atravesar las calles de Bilbao».*

Goikoelejea (I. Ojanguren, Gure Gipuzkoa).

Siguiendo su rastro, podemos conocer cómo fue su actuación el día 13 de junio de 1937 y el hecho, nada habitual, de un enfrentamiento entre blindados en la misma localidad vizcaína objeto de litigio entre ambos ejércitos enfrentados.

Al amanecer del 13 de junio, las dos secciones de carros asignadas a la I Brigada de Navarra se pusieron en marcha, descendiendo de Aretxabalgane por la carretera de Morga a Larrabetzu, con el objetivo puesto en esta última población, primero, para después adentrarse en Erletxe y atacar de revés los reductos de Galdakao. Las acompañaban unidades antitanque y algunos batallones de

El muro aspillerado de entrada a Larrabetzu sin terminar. Obsérvense los materiales, útiles y herramientas, entre ellas una hormigonera (Col. Lucas Molina Franco).

Infantería de la Brigada. Durante su trayecto hubieron de lamentar la baja de dos carros, uno por saltársele una de las cadenas y otro por patinar en la carretera, quedando inmovilizado al borde de un desnivel. Ambos vehículos quedaron a la espera de ser recuperados.

La columna rebasó Astoreka, bajo la cota 274, y llegó al barrio de Goikoelejea, recientemente evacuado, donde no observaron la presencia de vecinos y sí el abandono propio de una retirada precipitada. A la salida de esta población, un grupo de gudaris

vascos les presentó resistencia con una ametralladora. Uno de los carros respondió con las suyas, dispersando a los defensores y haciéndoles dos o tres muertos.

Dinamiteros vascos manejando cargas de demolición.

Así, prosiguió el avance por carretera hasta atisbar, a cierta distancia, el pueblo de Larrabetzu con su característica iglesia, observando a su entrada *«un alto murallón de cemento, de dos*

Auto blindado BA-6 en posición de hacer fuego y poder retirarse sin necesidad de maniobrar.

Larrabetzu (I. Ojanguren, Gure Gipuzkoa).

pisos, con aspilleras para fusiles y armas automáticas, que cierra el paso al pueblo». La obra no estaba terminada y el paso de la carretera se presentaba libre de obstáculos, lo que animó a la columna blindada en su avance.

Aunque las fortificaciones del Cinturón en su flaco derecho —Bolonburu— ya se encontraban en poder de la I Brigada de Navarra, no ocurría lo mismo con las del flanco izquierdo, y desde esa margen de la carretera comenzaron a abrir fuego los combatientes republicanos atrincherados en Borobileta. Los ocho carros atravesaron la distancia que les separaba de este núcleo de resistencia, salvando la pendiente poco pronunciada y quebrando la alambrada defensiva de las posiciones. Abierto un pasillo, comenzaron a recorrer y batir de manera sistemática las trincheras y nidos de ametralladora desde donde las unidades republicanas les hacían fuego con armas automáticas, fusiles y granadas de mano, consiguiendo los blindados, tras un tiempo de refriega, neutralizar la defensa, dejando numerosos muertos entre los defensores.

Los carros, tras su intervención en Borobileta, regresaron a la carretera y atravesaron la muralla aspillerada por el paso sin cerrar, pasando junto a las primeras casas del pueblo, prosiguiendo su marcha. El camino hubiera quedado expedito de no ser porque, pocos metros más adelante, la carretera pasa sobre el arroyo Aretxabalgane y, justo en ese momento, los dinamiteros republicanos se proponían volar el puente. El carro situado en vanguardia abrió fuego sobre los hombres que estaban terminando de colocar las cargas para después activarlas, matando a uno de ellos y evitando la voladura.

Blindados y tropas franquistas en Larrabetzu (Archivo General Militar de Ávila).

Tras cruzar el puente, el primer carro vio surgir ante él, inicialmente oculto entre árboles, a un auto blindado soviético BA-6, el cual, sin esperar la reacción del carro alemán, le hizo fuego con su cañón de 45 mm, acertándole e incendiándolo. Advertidos del peligro, los demás carros, que aún no habían pasado el puente, se replegaron hacia posiciones más atrasadas, dando paso a las piezas de una batería antitanque con sus servidores. Las piezas abrieron fuego sobre el blindado contrario, que había tomado sus precauciones ante una eventual retirada, pues estaba orientado con su glacis hacia atrás, su torreta hacia adelante y llevaba colocadas las cadenas supletorias sobre las ruedas de goma, para una mejor tracción en terreno irregular. Tras recibir un disparo cercano que no le ocasionó daños, volvió a ocultarse tras los árboles para, después, retirarse del pueblo en dirección a Erletxe.

Peor suerte le cabría a un lento camión blindado que, intentando retirarse igualmente del pueblo, encontraría su final en un prado, tras ser perseguido, alcanzado y puesto fuera de combate por tres de los rápidos Panzer. Después, según el cronista franquista, *«Un soldado de carros trepa a la torre de la iglesia para prender en ella una bandera que pregone con recios acentos que Larrabezúa vuelve a ser española».*

poco a poco fueron desapareciendo, siendo muertos y heridos. (…) El Batallón Baracaldo y un batallón asturiano quedaron deshechos. Nos retiramos hacia el Norte (…) Al día siguiente [los franquistas] avanzaron hacia Artebakarra. Aquí nos encontramos con los cocineros del Batallón Garellano [Brigada de Montaña], a quienes dimos cuenta de la rotura del Cinturón. (…) Nosotros nos retiramos con nuestros morteros hacia Laukiniz (…). En todo este trayecto, los civiles, gudaris, camiones, carros, ganados, etc. eran una masa humana que huía, ¡qué pena! Vi unos niños abrazados, durmiendo en la cuneta, frente al cementerio de Derio, ajenos a la tragedia dantesca. (…) Nuestras tropas habían tomado posiciones en los montes de Derio[52].

Los Panzer I se emplearon profusamente en Vizcaya. En la imagen, uno de estos carros acompañando al contingente italiano de la Brigada Mixta Flechas Negras. El 13 de junio, dos secciones avanzaron en dirección Larrabetzu con el fin de tomar aquella población (Col. Lucas Molina Franco).

Mientras esto ocurría, la 5ª División vasca se veía obligada a retirarse de sus posiciones del entorno de Mungia, para no ser cogida entre la Brigada Mixta Flechas Negras, que tenía enfrente, y la VI Brigada de Navarra, que avanzaba hacia la costa, a su encuentro. Esta retirada, ordenada, se produjo durante las siguientes fechas. El comandante divisionario, Pablo Beldarrain, decidió retirar inicialmente sus tropas hacia la tercera línea –la de reserva– del Cinturón del tramo Unbe-Getxo, sacrificando, para acortar el frente, la línea de contacto de Barrika y la de resistencia de Urduliz–Sopelana. Dado que la suerte de Bilbao se decidía en otro sector, carecía de sentido el uso de las defensas, con lo que, tras continuar el repliegue escalonado, su división pasó íntegra a la margen izquierda de la ría del Nervión el día 15.

Cabe indicar que, para ralentizar el avance de la VI brigada de Navarra, se pro-

Fuerzas de la VI Brigada de Navarra avanzan por la carretera del Valle de Asua, dotadas, entre otros, con este cañón antitanque alemán PaK de 3,7 cm (Biblioteca Nacional).

52.- UPV, Archivo Ruiz de Aguirre, Fondo Comandante G. Artolozaga, Cp.7, Exp.1. Historia del Batallón de Morteros «Irrintzi».

LAS TRINCHERAS Y LAS FORTIFICACIONES ROJAS

(Diario *El Adelantado*, Segovia, 15 de junio de 1937)

Noticias recibidas del frente de Bilbao dan cuenta de las formidables trincheras y fortificaciones con que contaban los rojos.

(Carlos Sáenz de Tejada)

En Larrabezúa, por ejemplo, tenían una tupida red de atrincheramientos, constituida por cinco o seis líneas unidas entre sí, pudiendo comunicarse muchas de ellas por subterráneos. Estaban protegidas por fajas de alambradas de treinta y cinco y cuarenta metros de espesor. Se había prodigado el cemento armado, y en algunos casos estaban blindadas con muros de cuarenta centímetros y hasta de sesenta de espesor.

Un concepto muy elemental de la estrategia llevó a los rojos separatistas a reforzar sus atrincheramientos y defensas situadas junto a las carreteras, como si se tratase de una guerra turística.

Hemos cogido varias máquinas magníficas hormigoneras, planchas de acero e infinidad de herramientas propias para esta clase de obras. El material recogido de todas clases es realmente extraordinario. Los servicios de recuperación tienen trabajo para varias semanas.

A la salida de Larrabezúa, en dirección a Derio, hay un enorme camión al que alcanzó de lleno una bomba de nuestra aviación. Sus ocupantes, más de treinta, perecieron carbonizados.

dujeron algunos episodios de resistencia e, incluso, un contraataque exitoso. El primer hecho tuvo lugar el día 13 en Mantuliz:

Al pasar por un bosque de pinos, el Tercio de San Miguel que mandaba el comandante Imaz y que marchaba delante de nuestra 3ª Bandera de Falange, fue atacado por sorpresa. Nuestros hombres le ayudaron a rechazar el ataque. Aquel día tuvimos unos veinte heridos.

Hombres de la 3ª Bandera de Falange de Navarra durante su marcha hacia Bilbao. Esta unidad formaba parte de la Agrupación Tutor asignada a la VI Brigada de Navarra (Col. Lucas Molina Franco).

cuenta el médico argentino Héctor Colmegna, miembro de la citada bandera. A la madrugada del día siguiente:

... la Bandera, amparada por una espesa niebla, se apoderó del monte Lañomendi, cuando aquella se disipó, el enemigo, que había sido desalojado por sorpresa, contraatacó con bombas de mano. (…) Nuestros hombres resistieron valientemente» (Colmegna, 1941).

Los gudaris del Batallón 15 Ibaizabal:

... medio envueltos en la niebla, hubieron de librar un cuerpo a cuerpo, quedando dueños de la cumbre del Lañomendi por unas horas. Luego fueron desalojados por la aviación» (Beldarrain, 1991).

La acción costó a ambos contingentes numerosas bajas.

Sin duda el episodio de mayor relieve tuvo lugar la noche del día 14. El comandante Beldarrain contempló la posibilidad de entorpecer los movimientos del Ejército nacional cortando el paso a su retaguardia por Artebakarra:

Encariñado con la idea, no pude resistir la tentación de hacer una pequeña demostración y a tal fin preparamos un golpe de mano sobre las posiciones enemigas del monte Lauro (Mantuliz), siguiendo el Cinturón por el camino de Artebakarra (…). Le correspondió dirigir la operación al comandante Rogelio Castilla, jefe de la VIII Brigada. Atacó el batallón UGT 7 que mandaba José Abasolo, apoyado por otras fuerzas de la propia Brigada.

Los gudaris del Batallón 15 Ibaizabal –arriba– y los requetés del Tercio de San Miguel –abajo–, rivales en los combates del entorno de Lañomendi (Archivo Histórico de Euskadi/ Círculo Carlista San Mateo)

El ataque partió del monte Unbe y alcanzó las posiciones contrarias de la ermita de San Miguel de Lauro: «*Se capturó variado botín y un centenar de prisioneros*» de una compañía del Batallón Zamora.

Por su parte, y volviendo al lugar en donde se había producido la rotura del Cinturón, las I y V Brigadas de Navarra continuaron en busca de la consecución de los objetivos a ellas asignados. Ambas brigadas en la jornada del día 13 alcanzaron la sierra de Ganguren, último cordal que las separaba de la villa de Bilbao. Este se encontraba fortificado, apoyándose en las alturas de Santa Marina (cota 478), Monte Avril (cota 386), Santo Domingo (cota 292), Artxanda (cota 260) con el espolón de la ermita de San Roque (cota

Ermita de San Miguel de Arbildua, en Lauro, lugar por donde tuvo lugar el contraataque exitoso del Batallón 47 UGT 7–Asturias la noche del 14 de junio (Gobierno Vasco).

Restos de nido de ametralladora, pulverizado, en la carretera de Santo Domingo a Artxanda. Su estado da testimonio de la dureza de los últimos combates sostenidos por la defensa de Bilbao (I. Ojanguren, Gure Gipuzkoa).

219), y Monte Banderas (cota 222), que formaban parte de la línea de defensa inmediata a Bilbao, conocida como Cinturón de la Muerte. La construcción de esta defensa, encomendada a la Consejería de Obras Públicas y llevada a cabo principalmente por voluntariado, se encontraba incompleta. Debido a esto, el Batallón de Ingenieros 8 Azkatasuna fue enviado el 13 de junio a Santo Domingo, a fin de reforzar las defensas:

Casi sin dormir, puesto que se trabajaba de noche y de día era casi imposible dormir ante los constantes bombardeos de la aviación enemiga. Fueron tres días de gran trabajo y fuertes peligros que hubieron de soportar en esta posición».

El mismo 13 de junio la V Brigada de Navarra ocupó Santa Marina, y el 14 el Monte Avril, formándose una fuerte resistencia por parte de los batallones vascos, o restos de ellos, en las alturas de Santo Domingo y Artxanda. El objetivo de esta defensa era retrasar la caída de Bilbao, a fin de permitir la evacuación de la ciudad, de la que, durante los días posteriores a la rotura del Cinturón, llegaron a salir entre 150 000 y 200 000 personas, en su mayoría civiles, junto al resto del Ejército que pudo ser salvado, así como funcionarios y autoridades gubernamentales y locales. Los combates de Artxanda, San Roque y Santo Domingo fueron algunos de los más duros de la campaña. Esta última posición, la cota 292, fue defendida hasta el atardecer del 18 de junio. Para entonces, el Ejército nacional, con duras dificultades para lograr una brecha en ese punto, había cruzado el río Ibaizabal y tomado los montes Malmasin (cota 360), Pagasarri (671) y Arraiz (361), poniendo cerco a la villa y haciendo estéril prolongar la resistencia. En tales condiciones, Bilbao cayó el 19 de junio de 1937.

Mientras la I y II Brigadas de Navarra desarticulaban, desde dentro hacia fuera, las defensas del Cinturón de Galdakao, la IV Brigada del coronel Camilo Alonso

Vega neutralizaba, también del revés, la línea defensiva en Miravalles. Allí, el Mando vasco había contemplado alguna resistencia, que finalmente no podría ser llevada a cabo. El comandante del batallón de gudaris 18 Loyola, Juan Beistegi, lo recordaría así en sus memorias:

Llegamos al famoso Cinturón y fui a ver nuestras posiciones, con el pensamiento de poder hacer allí las cosas mejor. Se me cayó el alma a los pies. Las trincheras eran una maravilla, pero eran muy anchas y en línea recta. Una bomba de 50 kg podría entrar en la trinchera y una bomba de más potencia sería capaz de aniquilar a toda una compañía. Les dije a mis muchachos que hiciesen agujeros individuales cerca de la alambrada, para más seguridad (Beistegi, 2021).

Artxanda tras los combates –arriba–, donde al fondo de la imagen puede verse el casino en ruinas. Detalle de la fachada del casino –abajo– (I. Ojanguren, Gure Gipuzkoa).

Estando en aquellas posiciones, el 16 de junio fue derribado un avión Heinkel He-70 de la unidad de reconocimiento A/88 de la Legión Cóndor: «*Nos estaba observando. Cuando pasó por encima de nosotros, todo el batallón disparó y lo vimos caer en el monte que estaba delante de nosotros. Los muchachos corrieron a verlo y, para cuando llegaron, el piloto estaba muerto, quemado. Tampoco pudimos recuperar la ametralladora*». El aparato cayó frente a las posiciones del Cinturón de Miravalles, en terreno de Zeberio, y los tripulantes, todos fallecidos, eran tres: Siegfried Gottanka, Helmut Hildemann y Fritz Heerschlag.

Desde sus posiciones, el comandante pudo ver a los soldados franquistas tomar el monte Pagasarri, la mañana del 18 de junio:

Esto significaba que Bilbao estaba rodeado. El enemigo estaba detrás de nosotros y nos quedaba muy poco espacio para salir.

Dos aspectos de la caída de Bilbao: soldados de Infantería nacionales entrando por la plaza del Ayuntamiento –arriba– y el puente de El Arenal dinamitado por los republicanos en retirada para incomunicar ambas márgenes del Nervión –abajo– (Col. Aitor Miñambres Amezaga).

(…) avisé a mi brigada y a mi comandante, Lino Lazkano, que se hallaba en un caserío cerca de Zollo

El batallón recibió orden de trasladarse a Kamaraka, más al oeste, a las trincheras del Cinturón situadas sobre Llodio:

Tomamos nuestras posiciones en Kamaraka. No habíamos visto el Cinturón hasta llegar a Miravalles, pero ahora lo teníamos para nosotros solos. Sin embargo, las trincheras miraban hacia el costado malo, en vez de defender el interior del Cinturón.

Y es que las trincheras y fortificaciones del Cinturón en ese punto, como es lógico, estaban orientadas hacia la vertiente desde donde se esperaba el ataque, en caso de haber sido esa zona elegida por el adversario para avanzar hacia Bilbao. El hecho de que el Cinturón ya hubiera sido roto en otro punto del perímetro, permitía al enemigo atacar a los defensores por la espalda, en las propias trincheras, desde dentro hacia fuera, lo que hacía totalmente inservibles las defensas del Cinturón aún conservadas.

En Kamaraka, el batallón permaneció uno o dos días en posición, hasta que nuevamente recibió la orden de retirada porque:

el enemigo había ocupado Areta y pasaba por la carretera detrás de nosotros. Mis hombres estaban preparados y comenzamos la retirada. (…) Cuando llegué a Santa Lucía, el enemigo estaba entrando en la ermita y pasamos a unos 200 metros de ellos, hacia la derecha».

Para ese momento, de todo el perímetro del Cinturón, solamente continuaba sin ser ocupado por el adversario el tramo occidental del mismo, es decir, desde Ganekogorta al mar, tratándose de fortificaciones correspondientes a los sectores segundo y primero. Tras la caída de Bilbao, las operaciones contra la margen izquierda del Nervión, la zona minera de Vizcaya y el resto de la comarca vizcaína de las Encartaciones continuaron su curso. En lo que a la línea defensiva se refiere, las operaciones militares acaecidas son las que más adelante se relatan.

El 21 de junio, las tropas de la II Brigada de Navarra cruzaron el río Cadagua y forzaron la línea de contención situada en su margen opuesta, desplegándose por las alturas del monte Argalario, sobre la zona industrial del Nervión. Al siguiente día, con la zona despejada, la VI Brigada de Navarra ocupó las localidades fabriles de Barakaldo y Sestao, así como la villa de Portugalete. El día 23 cayó Santurtzi en su poder y el día 24, tras una refriega, también lo hicieron Zierbena y su vetusta batería de costa de Punta Lucero. Allí, los ocupantes hallaron los seis obuses Ordoñez modelo 1891 de 24 cm dinamitados e inservibles. Sin embargo, alcanzadas estas alturas (cota 308), no sólo se dominaba el Abra sino también la otra vertiente del cordal con la playa de La Arena y las espaldas del primer Sector del Cinturón de Hierro. Así, su captura permitía a los franquistas ocupar las posiciones defensivas y utilizarlas como apoyo de su retaguardia, de la misma manera que las alturas recién conquistadas les daban la opción de disparar con sus piezas de artillería sobre territorio cántabro, distante tan sólo unos 5 km al oeste.

En la siguiente fecha, 25 de junio, la VI Brigada de Navarra alcanzó su

Soldados de las Brigadas de Navarra en El Gallo, Galdakao, una vez desarticuladas las cercanas defensas del Cinturón (Biblioteca Nacional).

El coronel Camilo Alonso Vega, jefe de la IV Brigada de Navarra, a quien le fue encomendada la desarticulación de la línea defensiva de Ugao-Miravalles.

Gudaris del Batallón 18 Loyola con su comandante, Juan Beistegi – agachado y con gorro–. Esta unidad se atrincheró en el Cinturón en Ugao-Miravalles hasta los momentos previos a la caída de Bilbao (Juan Beistegi).

La población de Ugao-Miravalles, vista desde un nido de ametralladora del Cinturón de Hierro (I. Ojanguren, Gure Gipuzkoa).

objetivo de dominar toda la margen derecha de la desembocadura del río Barbadun. Su flanco izquierdo lo cubrían fuerzas de la II Brigada de Navarra que ese día progresaron y alcanzaron su objetivo de El Crucero (Muskiz). En su avance, atravesaron las defensas del Cinturón, discontinuas en esa área, que disponía de tres líneas de profundidad. La maniobra, desde dentro hacia fuera, se resolvió sin problemas para los franquistas.

También el 21 de junio tuvo lugar la marcha de la I Brigada de Navarra, en este caso siguiendo el curso del Cadagua aguas arriba. Media brigada recorría el cordal montañoso paralelo al río, ocupando sus alturas, mientras la otra media brigada avanzaba a la vez, ocupando las poblaciones situadas a sus orillas. Esta última columna consiguió, el día 24 y tras un fuerte combate, tomar la organización defensiva de Mondona (cota 224 o Crucijadas), perteneciente al segundo Sector del Cinturón y situada sobre las poblaciones de Sodupe y Gordexola. Según el cronista franquista «Tebib Arrumi»:

En estas alturas habían construido los rojos separatistas una verdadera fortaleza. Por otra parte, estaban aquí acumulados sus elementos defensivos, y para contrarrestar sus efectos nuestras baterías han hecho uno de los más formidables fuegos de preparación, tras de los cuales los infantes asaltaron la Encrucijada y colocaron en el lugar más alto la bandera de España.

Siegfried Gottanka –izquierda–, uno de los tres tripulantes del Heinkel He-70 derribado por los hombres de Beistegi sobre Zeberio el 16 de junio. Imágenes de su entierro en Alemania –derecha– (Cortesía de la Familia Gottanka).

En estos enclaves habían confluido algunas unidades tras su retirada de Bilbao, como el batallón comunista 60 MAOC 2–Guipúzcoa, donde era cabo de enlaces Timoteo Casado, quien recordaría que:

La marcha se efectuó flanqueando el monte Ganeko-gorta en dirección a Sodupe, donde llegamos al atarde-

Aspecto de la batería de costa de Punta Lucero, en Ziérbana, y sus obuses «Ordoñez» inutilizados por los artilleros vascos antes de la retirada (Biblioteca Nacional).

Nido de ametralladora del Cinturón en la playa de La Arena. Estas fortificaciones del primer Sector cayeron en manos de la II Brigada de Navarra el 25 de junio (I. Ojanguren, Gure Gipuzkoa).

Soldados nacionales inspeccionan una trinchera cubierta a modo de abrigo activo en el segundo Sector del Cinturón, la cual podemos ver en su aspecto exterior –arriba– e interior –abajo– (Col. Lucas Molina Franco).

cer del mismo día. Ocupamos las trincheras del llamado «Cinturón de Hierro», que jamás sirvieron porque el ataque a Bilbao no se realizó por este lugar.

(…) En la mañana del día siguiente hicimos contacto con el enemigo que lanzaba sus carros de combate; iniciaron el ataque a nuestras posiciones, que estaban situadas en la altura, con un granizado fuego de ametralladoras y fusilería al principio, y más tarde con el fuego de la artillería ligera. No teníamos trincheras y nos tuvimos que parapetar detrás de los árboles corpulentos

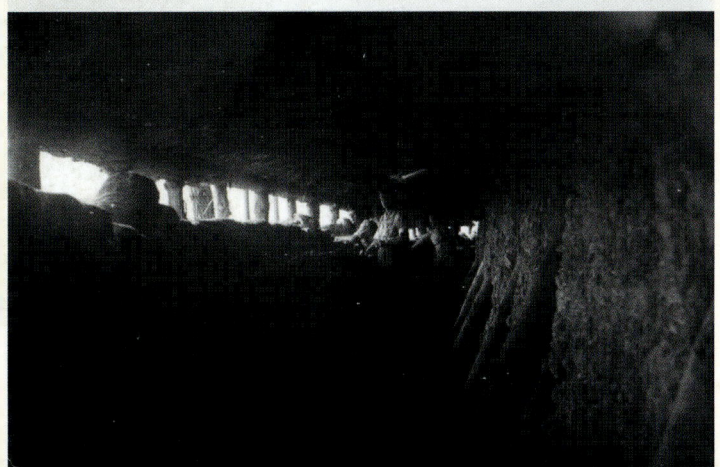

Timoteo Casado, miliciano comunista del Batallón 60 MAOC 2-Guipúzcoa, hubo de defender, junto a sus compañeros, las posiciones del Cinturón en Sodupe (Memorias de un gudari republicano).

que había por allí y, en ocasiones, dentro de las trincheras del "Cinturón de Hierro", que por su orientación no nos proporcionaban visibilidad del enemigo. (…) Los combates que sostuvimos en este lugar fueron encarnizados, llegando a cruzar fuego con bombas de mano. Nuestra resistencia estaba limitada por el escaso material bélico disponible y, una vez más, tuvimos que batirnos en retirada, protegidos por una ametralladora que estaba muy bien situada (Casado, 2014).

Arriba. Trincheras protegidas en San Pedro de Goikuria, sobre Sodupe. Su orientación las hacía inservibles ante un ataque desde la vertiente opuesta (I. Ojanguren, Gure Gipuzkoa).

En la misma fecha, la columna de la I Brigada de Navarra que avanzaba por la montaña, tomó del revés el centro de resistencia de Los Llanos (cota 655) y el complejo defensivo de Lujar (cota 542). Cabe resaltar la importancia de estas posiciones, donde abundaban los nidos de ametralladora de hormigón armado y desde cuyas alturas se dominaba Güeñes, población que cayó el 27 de junio, dos días después de Galdames, que lo hizo el 25.

Con estas operaciones, el conjunto del Cinturón había sido definitivamente ocupado por la 61ª División nacional.

Derecha. Conjunto fortificado –arriba– y nido de ametralladora –abajo– visitados por soldados franquistas. Por su tipología, el nido podría corresponder al entorno de Lujar – Güeñes – Galdames (Col. Lucas Molina Franco).